강 영 문 저

메콩강 경제권 문화와 비즈니스

전남대학교출판문화원

프롤로그

메콩강의 항해를 시작하며...

십인 십색 동남아에서 동남아를 하나로 묶을 수 있는 공통분모중에 하나가 메콩강이다. 메콩강이 아세안 10개국을 다 아우를 수는 없지만, 동남아의 메콩강 5개국인 태국, 베트남, 미얀마, 라오스, 캄보디아는 메콩강을 공유하는 국가로서 메콩강을 매개로 긴 시간 함께 동거동락하고 있다. 메콩강 유역은 동남아 5개국뿐만 아니라 중국의 윈난성도 포함된다.

메콩강 유역에는 세계의 공장 중국과 넥스트 차이나로 일컬어지는 베트남, 미얀마 등이 메콩강을 공유하면서 현재뿐만 아니라 미래의 글로벌 경제의 중심지로 주목받고 있다. 동남아 지역은 우리나라의 2번째 수출지역이면서 동시에 2번째 투자지역이다. 동남아는 우리에게 국제원자재 공급지역으로서도 매우 중요한 지역이다.

동남아지역은 크게 경제적으로 앞선 선발아세안 국가와 저개발국가들로 구성된 후발아세안 국가로 분류되는데 메콩강 경제권에 속한 국가들은 태국을 제외하고 모두 저개발 국가인 후발아세안 국가들이다.

이처럼 메콩강 경제권은 동남아지역에서 상대적으로 낙후된 지역이다. 그런데 역설적으로 낙후된 경제개발이 오히려 성장 잠재력의 매력으로 다가오는 곳이 메콩강 경제권이다.

메콩강 경제권은 천연자원이 풍부한 지역이지만 그동안 정치적 불안정으로 미개발 상태인 경우가 많아 개발 잠재력이 매우 크다. 인적자원도 총인구에서 젊은 인구가 차지하는 비중이 높아 인적자원의 경쟁력도 다른 지역에 비해 높다.

동남아의 미개척 지역인 메콩강 경제권이 메콩강을 매개로 하나의 경제권으로 탄생하기 위해 다양한 개발이 역내국가, 역외국가, 국제기구 등의 협력으로 이루어지고 있다.

이 책은 동남아 지역연구의 한 부분인 메콩강 유역을 문화와 비즈니스를 접목하여 찬찬히 들여다 보았다. 메콩강을 유유히 구석구석 항해하듯 메콩강 유역의 과거, 현재 그리고 미래를 넘나 들었다. 이 책이 아직 우리나라에서 매우 낯선 메콩강 경제권의 이해를 위한 초석이 되었으면 한다.

Young Moon(젊은 달)

목 차

제5부 메콩강 유역의 개발

제6부 메콩강 유역의 사회문화

제7부 메콩강 유역의 경제

제8부 메콩강 유역 개발과 국제기구

제9부 메콩강 유역 국가

▶▶▷ Check Point

제1부
메콩강에서 만난 문화와 비즈니스

제1장 메콩강유역의 종교

제2장 메콩강유역의 문화

KAPPA
EOS DIGITAL

Canon
EOS DIGITAL

제3장 메콩강유역의 대학

제4장 메콩강유역의 학생들

제6장 메콩강유역의 교통수단과 길거리

2012
Canon
1188

MICHELIN
Hennessy
Canon
EOS DIGITAL
adidas

LE PALAIS DE LA SOIE
all Kind of Silk Products

KỶ NIỆM NGÀY THƯƠNG BINH LIỆT SĨ
27 - 7

Elite
Boss
GI

제7장 메콩강유역의 리더들

SỐNG, CHIẾN ĐẤU, LAO ĐỘNG VÀ HỌC TẬP THEO

제8장 메콩강유역의 재래시장

제9장 메콩강유역의 전통산업

ศูนย์หัตถกรรมกระดาษสาและร่ม
SA PAPER & UMBRELLA HANDICRAFT CENTRE

제10장 메콩강유역의 농산물

제2부

사진과 글을 통해서 살펴본 메콩강 문화와 비즈니스 이야기

제1장 메콩강이 인생을 만나면

1. 흐를 때 강(江)이다

강은 멈추지 않고 흐를 때
강 답다

강은 담아 둘 수 없다

강은 흐를 때
강 답다

메콩강의 역동성은
멈추지 않고,
담을 수 없는
힘찬 흐름에 있다.

2. 강은 삶을 담고 흐른다

강은 흐른다.

그 흐름 속엔
문화가 녹아있다.

강은 흐른다.

그 흐름 소리엔
역사의 외침이 울린다.

강은 흐른다.
그 흐름 위엔
쉼 없는
물산(物産)의 이동이 있다.

3. 강은 함께 흐른다

강은 나누어 준다.

강은 갖고 있는 모든 걸
나누어 준다.

강은 강의 모든 것이
공평하게 나누어지길 바란다.

강은 원한다.
늘 함께 하길

인간은
강을 소유하길
원한다.

그러나

강은 흐른다.
강은 소유할 수 없다

늘

흐르기 때문에

4. 메콩강은 어머니의 강

세상에서 가장 아름다운 말은
어머니이다.

세상에서 가장 따뜻한 손길은
어머니 손길이다.

세상에서 가장 속 깊은 마음은
어머니 마음이다.

메콩강은 어머니의 강으로 불린다.

메콩강은 메콩강 유역 사람들에게

늘

가장 아름다운 말이고,
가장 따뜻한 손길이고
가장 속 깊은
마음으로 다가온다.

5. 메콩강은 대륙에서 출발하여 바다를 향한다

메콩강의 발원지는 티벳고원이다.

메콩강은 대륙에서 시작하여 인도차이나반도를
4,000km 이상 흐르고 흘러 망망대해로 나간다.

메콩강은 대륙의 기상을 싣고 인도차이나 반도를
휘휘 돌아 바다를 만난다.

메콩강은 대륙과 바다를 연결해주는 징검다리이다.
메콩강은 대륙문화와 해양문화가 융합되어
메콩의 꽃을 피우는 문화의 용광로이다.

6. 메콩강은 국제강이다

메콩강은 특정 국가에
갇힌 막힌 강이 아니다.

메콩강은
중국, 미얀마, 라오스,
태국, 캄보디아, 베트남을
유유히 흐르는 국제강이다.

메콩강은
6개 나라의 용솟음치는
협곡과 풍요로운 범람지를
두루 두루 흐른다.

메콩강은 언어가 흐르고

메콩강은 문화가 흐르고

메콩강은 만나고 합쳐지고
흩어지고
스며들고

7. 메콩강의 다양한 이름

우린 지금
네이밍(naming)의 시대에
살고 있다.
이름 자체가 갖는
의미와 이미지가
중요해지고 있다.

개인의 이름,
기업의 회사명,
국가의 국명

이름은 동일한 발음에도
상이한 지역과 언어에 따라
다른 의미로 다가오기도 한다.

메콩강이 갖고 있는 의미는
동일하지만
메콩강 유역 국가들에 따라
달리 불리우고 있다.

메콩강이 국가에 따라
어떻게 불리우든

메콩강이 품고 있는
어머니의 강의 의미는
똑같다.

ສາທາລະນະລັດ ປະຊາທິປະໄຕ ປະຊາຊົນລາວ
REPUBLIQUE DEMOCRATIQUE POPULAIRELAO
ດອນຊາວ DONE SAO
PROVINCE BOKE'O DU LAOS
TRIANG LED'OR

ປະເທດລາວ
ດອນ ຊາວ
寮國
LAOS
Welcome To Donsao

8. 메콩강은 마을과 마을을 이어준다

메콩강은
메콩강 유역의 국가들뿐만 아니라
동일 국가 내에서도
크고 작은 마을을 관통하고 있다.

메콩강을 오가는 배들은
메콩강의 작은 마을들을
스치듯 지나간다.

때론 길손처럼 이방인에겐
낯선 이름 모를 메콩강의
작은 마을의 선착장에 배를 댄다.

낯선 길손들을
가장 먼저 반기는 건
아이들이다.

배가 마을의 정돈되지 않은
선착장에 채 닿기도 전에
아이들은 메콩강이
내려다보이는 마을 언덕위에서
반갑게 손을 흔들고
우르르 선착장으로 달려온다.

60-70년대 마을에 승용차가 들어오면
특별한 이유도 없이 우르르 몰려다녔던
한국의 어느 골목길 풍경을
메콩강 이름 모를 작은 마을에서 다시 만난다.

메콩강은 마을과 마을을 이어준다.

9. 메콩강은 종교유적지

배를 타고 메콩강을
천천히 가다보면
메콩강 유역의 종교유적들이
하나, 둘
편안하게 다가온다.

메콩강 유역의 종교유적들은
메콩강을 많이 닮았다.

때론 잔잔하게
또 때론 웅장한
메콩강의 모습을
하고 있다.

GOD LOVES YOU
上帝爱你

10. 메콩강의 색깔

메콩강은 맑지 않다.
메콩강은 탁하다.

메콩강엔 황토빛이
투영되어 있다.

메콩강은 탁하지만
깨끗하다.

진흙탕속의 연꽃이
진흙에 더렵혀지지 않듯이

메콩강은 겉은 탁하지만
그 속살은 맑디맑다.

11. 강의 빠름과 느림

메콩강은 늘 흐른다.

그러나 빠름과 느림은
늘 존재한다.

빠름과 느림은 있지만
고여있지 않고 늘
흐르고 있다.

메콩강 유역의
인간의 삶도
빠름과 느림이
늘 존재하지만

메콩강처럼 고여 있지
않고 늘 흘러야 한다.
오늘보다 나은 내일로
흐르고 흘러야 한다.

12. 메콩강을 닮은 사람들

메콩강은 바위를 뚫는다.
멈추지 않고 흐르기 위해

메콩강은 바위를 넘는다.
바위 넘어 세상으로
가기 위해

메콩강은 강 유역의
흙과 나무로 스며든다.
동거동락하는 흙과 나무의
생명의 물이 되기 위해

물은 담는 그릇에
자신의 모양을 맞춘다.
물은 늘 순리에 따른다.

메콩강은 순리에 따른다.
늘 그랬듯이

메콩강 사람들은
메콩강을 닮았다.
늘 그랬듯이 순리를 따른다.

늘 그랬듯이 웃는다.
그들의 메콩강처럼.

13. 메콩강의 오색향기

아침이슬을 머금고 있는
이름 모를 새소리
아침 새벽시장의
본격적인 더위이전의
흙내음, 강바람, 물소리

햇빛에 반짝거리는
강의 흐름과 어우어진 강바람

강바람에 출렁이는 건
배도 강도 아닌
멈추지도 흐르지도 못하고
출렁이는 인간의
마음이려나.

강은 말한다.
다 흘려보내라고
그것이 순리라고.

14. 메콩강에 노을이 물들면

태양이 붉게 타오르는 일출은
다가올 시간의 설레임을 선물한다.

태양이 뒷모습을 보이는
노을빛은 지나 온
시간을 하나, 둘
돌아보게 하는 차분한
여유를 선물한다.

메콩강의 노을빛은
메콩강 유역이 걸어온
역사의 시간들을
하나, 둘 그려준다.

메콩강에 투영된
노을빛에는
굴곡진 아픔의 시간도
닦이지 않은 눈물의
슬픈 시간도 담고 있다.

노을빛으로 물든
메콩강은 지나간
아픔도 슬픔도 붉은 노을로 희망을
꿈꾸게 한다.

15. 해질녘 메콩강 한바퀴

해질녘 메콩강 유역을 걷다보면
메콩강 유역의 일상의
삶을 만날 수 있다.

뙤약볕으로 온종일 달구어진
길거리의 열기가 사라진
거리에는 하루 일과를
마친 사람들로 채워진다.

삼삼오오 모여
담소를 즐기는 사람들,
메콩강을 산책하는 사람들,
단체로 건강 체조를 하는 사람들.

해질녘 메콩강은
시원한 강바람과 함께
메콩강 사람들에게
편안한 휴식처를
제공한다.

제2장 메콩강 유역의 길위의 삶

1. 긴 철도길 그리고 삶

메콩강 유역의 긴 철도길은
메콩강 유역 사람들의 민낯을
보는 것처럼 아무런 치장을 하지
않고 있다.

메콩강 유역의 긴 철도길은
기차만 지나가지 않고
세월도 지나간다.

메콩강 유역의 기나긴 철도길은
때론 간이시장으로 변했다가,
동네 사랑방으로 변하기도 한다.
변신에 변신을 거듭한다.

메콩강 유역의 길고도 긴 철도길은
메콩강 유역의 있는 그대로의
모습을 마주할 수 있는
삶의 공간이다.

2. 삶의 쉼표 기차역

메콩강 유역의 기차역은

누군가에겐 만남의 장소이고
또 누군가에게 이별의 장소이다.
그 누군가에겐 설렘의 장소이다.

메콩강의 한낮 뙤약볕도 기차역의
처마에 잠시 그림자를 드리우며
누군가의 만남과 이별을 방해하지 않는다.

잠시 스쳐 지나는 스콜도
기차역의 지붕에 이별을 노래하듯
만남을 축복하듯 강한 물줄기를 쏟아 붓는다.

စည်းကမ်းမဲ့အမှိုက်မပစ်ရ။
အမှိုက်ပုံးထဲသို့စွန့်ပစ်ပါ။

3. 메콩강 유역의 완행열차

메콩강 완행열차는
달린다
천천히

천천히

메콩강을 굽이굽이
돌고 돌아

메콩강 유역의 구석구석을
유유자적 강물처럼 흐른다.

바쁠 것 하나 없이
강바람을 벗 삼아
천천히
천천히

그러나

달린다.

RBE.2591

4. 메콩강 완행열차 2

메콩강의 완행열차는
천천히 메콩강 유역의 이곳저곳을
두루 두루 다 들린다.

철길이 놓여 있는 곳
그 어디도 그냥 지나치지 않는다.

기차를 타는 사람도 내리는 사람도
바쁠 것 하나 없다.

기차의 차장 밖 날씨도 햇볕이 내리 쬐었다가
금방 비가 왔다가 변덕스럽지만

기차의 실내 창문을
올렸다, 내렸다 하면
그만

차창밖 날씨는 조금도 중요치 않다.
완행열차가 농촌과 시장을 지날 때마다
지역특산물과 온갖 생활용품들이 기차 안으로
들어왔다 나갔다. 들랑 달랑

기차를 오르내리는 계단은 누군가를 내려 보내고
또 쉼 없이 누군가를 맞는다.

5. 메콩강 유역의 낡은 철로

메콩강 유역의 오래된 철로에는 낡음, 세월의
덧칠이 고스란히 남아 있다.

만날 것 같지 않은
두 갈래의 철로 길은
서로 마주보며 긴 세월 내내
그 자리를 지키고 있다.

긴 세월의 흐름 속에 철로도 나이 들어
세월 속에 쇠약해졌고 그 철로 위를
달리던 기차도 노쇠하였다.

메콩강 철로의 시작은
누군가의 땀의 결실이고
시대적 결과물이다.

한동안 변화의 세월에 비껴서있던
메콩강 철로는 초고속열차의 속도를
견뎌내지 못하겠지만,

초고속 열차가 휙 스쳐지나가는
메콩강의 작은 마을과 간이역을
떠나지 않고 바라보고 있다.

6. 메콩강 기차의 여정

메콩강 유역의 기차는
밀림을 헤치고
달리고 또 달린다.

밀림을 헤치고 나면
평화로운 농촌풍경이 다가오고
정겨운 농촌의 일상을 느낄때쯤
컴컴한 터널이 지나치고,
또다시 밀림이 나오고,

밀림을 지나치면
수풀이 무성한
하얀 물결 넘치는 하천을 만나고
이름 모를 기찻길 마을을 지나
간이역에 멈춘다.

기차는 메콩강 유역에
구불구불 놓인
철로를 구석구석
손에 잡힐 듯 말듯
덜컹덜컹 달린다.

ရန်ကုန်–နေပြည်တော်–မန္တလေးလမ်းပိုင်း
လက်ကျန်လက်မှတ်များ ဝယ်ယူရန်

7. 메콩강 기차역은 만남과 이별의 공간

격동의 제국주의 시대,
치열했던 냉전의 시대
메콩강 기차역은
누군가에겐
이별의 머나먼 길의
출발점이었고,

또 누군가에겐
긴 이별 후의
새로운 만남의
출발점이었다.

철로를 통해 누군가는
그리운 이에게 왔고,
또 누군가는
기약 없는 작별을 하였다.

기차가 철로 위를
미끄러지듯 나아가면
차창 밖 누군가는
차장 속 누군가를
뒤로하고 외로운
발길을 돌려야 했다.

메콩강의 기차역은
오랫동안 켜켜이 쌓여 있는
메콩강의 희노애락의
향기를 담고 있다.

8. 메콩강 시외버스터미널의 다른 기억

지구촌 어딜 가나 지역과 지역을 연결시켜주는 시외버스터미널이 있다. 메콩강 유역의 시외버스터미널은 다른 지역을 방문하는 내국인뿐만 아니라 메콩강 유역의 구석구석을 찾아다니는 해외 각지에서 온 배낭족들로 이색 풍경을 연출한다.

규모가 크지 않은 메콩강 유역의 시골 시외버스터미널이 외국인들로 북적거리는 것은 국제공항 못지않은 글로벌 장소가 되었다. 외국 배낭족들은 메콩강 유역의 시외버스터미널에서 지역 여행정보를 서로 공유하고 그들만의 교류의 폭을 넓힌다.

일상의 삶속에서 메콩강의 다른 지역을 방문하기 위해 시외버스터미널에 온 메콩강 사람들의 눈에 비친 외국배낭족들의 낯선 모습과 외국배낭족들의 눈 속에 비친 현지인의 모습이 시외버스터미널이라는 한 공간에서 서로에게 어떻게 보이고 어떤 모습으로 기억될까?

Elite
YOU CAN GET VIP EXPRESS IN HERE!
GI
VIP
EXPRESS
BOSS
HIGH CLASS
GUTEN
30-1434

YGN
H-643

9. 메콩강 시외버스터미널의 변화가 주는 의미

다른 곳으로 떠나기 위해 잠시 머무는
메콩강의 시골 시외버스터미널도
이 지역의 개방이후 변화되고 있다.

터미널의 크기, 내부의 변화는 크지 않지만,
승객과 이용목적이 달라지고 있다.

개방 이전 내국인의 전유물이었던
시외버스터미널이 글로벌 교류의 장소로
변화되고 있다.

메콩강 유역의 시골 버스터미널이 메콩강의
작은 글로벌 허브로 거듭 태어나는 이유는

메콩강 유역의 매력이 대도시에서 끝나지 않고
작은 소도시, 이름 모를 시골까지 다른 색깔로
채색되고 있음을 말해주고 있다.

도시화, 현대화에 익숙한 외국인들에겐
인위적인 손때가 묻지 않은 자연 그대로의
인간 냄새가 나는 메콩강 유역의 모습이
또 다른 매력을 주고 있다.

메콩강 유역의 대도시뿐만 아니라
소도시, 이름 모를 작은 마을까지
외국인의 방문이 많아지고 있다.
개발되지 않은 자연의 멋을 느끼고자...

on
DOOM
Boss
GI
ESE

H-5070
YGN
H-5070

10. 메콩강 유역의 흙먼지 날리는 길

메콩강 유역 국가들의 도로 포장률은 매우 낮다.
시골뿐만 아니라 수도를 포함한 대도시의 도로 포장률도
매우 미흡하다.

메콩강 유역에서 창문을 닫은 승용차를 타면 흙먼지는
들어오지 않지만 비포장도로의 덜컹거림을 오롯이
느낄 수 있고 창문 유리창으로 세차게 달려드는
메콩의 흙먼지의 포말도 느낀다.

메콩강 유역에서 창문이 없는 툭툭을 타면
회오리처럼 일어나는 흙먼지를 온몸으로 느낄 수 있다.

메콩강의 메케한 흙먼지 속에서
1970년대 한국의 덜컹거리는 비포장도로위의
버스에 탄 초등학생의 나를 조우한다.

메케한 흙먼지,
덜컹거림의 불편함

그러나

메케한 흙먼지
덜컹거리는 아련한 추억

11. 트럭위의 삶

메콩강 유역의 도로를 달리는
트럭의 짐칸에는
짐뿐만 아니라
사람들도 많이 타고 있다.

트럭위에선
세상을 내려다 볼 수 있고,
더 멀리 볼 수 있다.

트럭위에 행복이 걸려 있다.
트럭의 가는 길과 행복이 같이 간다.

트럭이 달린 거리만큼
행복도 함께 커진다.

12. 지난간 발자국을 다시 걸어보는

외국인 배낭족들에게 메콩강 유역은 배낭하나에
기대어 세상을 경험할 수 있는 여행천국이다.

때 묻지 않고 개발되지 않은
그러나 삶과 인생을 천천히 되돌아보고
미래를 가늠해 볼 수 있다.

메콩강 유역은 흘러간 시간
변해버려 다시 갈 수 없는 과거의 흔적

변화된 모습이 최선인가를 반추해 볼 수 있는
지나간 발자국이다.

DF. 1348
DF. 1348

R 73

제3장 메콩강 문화의 미학(美學)

1. 메콩강은 관광지가 아닌 여행지

관광과 여행의 차이는
보는 것과 느끼는 것의
차이이다.

관광과 여행의 차이는
보이는 것을 보는 것과
보이지 않는 것을 보는 것의
차이이다.

관광과 여행의 차이는
관광지를 보는 것과
자신을 바라보는 것의
차이이다

메콩강과 메콩강 유역은
자신을 반추해 볼 수 있는
여행지이다.

메콩강과 메콩강 유역은
유적지속에 내재하고 있는
삶의 이야기를 들려주고 있다.

ໄປສະນີ
LA POSTE

2. 메콩강 유역의 종교조형물

메콩강에는 자비로운 불심이 흐른다.

메콩강에는 고뇌와 번뇌가
해탈의 목적지로
흐른다.

메콩강에는 염원과 평온의
바람이 연꽃되어 흐른다.

메콩강과 인접한 메콩강 유역에는
부처님의 큰 동상이 흐르는
메콩강을 바라보고 계신다.

고뇌와 번뇌는 흐르는
메콩강에 흘려보내고
메콩강처럼 넓고 깊은
부처님의 깨달음을 얻어
해탈에 이르기를 염원한다.

고뇌와 번뇌는
메콩강에 다 떠나보내고
깨달음을 얻어 열반에
다다르기를 염원한다.

3. 메콩강 유역의 도시탈출

도시는
잠들지 않는다.

도시는
북적된다.

도시는
분주하다.

메콩강 6개국의 도시도
잠들지 않고,
북적되고 분주하기는
매 한가지이다.

그러나

메콩강 유역은
메콩강 6개국에서
낙후된 지역이다.

가난이 주는
불편함과 고단함이
삶의 전반에
촘촘히 쌓여 있다.

그러나

메콩강 유역은
쉼표가 필요할 땐 잠들고
북적되고 분주함을
뒤로한 일상의 평온이
잔잔히 물 흐르듯
흐르고 있다.

메콩강 유역에
일상의 평온함을 깨지 않는
활력소를 주는 분주함이
적당히 더해졌으면...

YGN
8D-5733

4. 메콩강유역의 뒷골목

뒷골목은
화장하지 않는 민낯이다.

뒷골목은 덧칠하지 않은
자연의 모습이다.

뒷골목은
모두의 마음의 고향이다.

메콩강 유역에는 화려한 도시의
다운타운과 세련되지 않는
뒷골목도 함께 공존하고 있다.

덧칠하지 않고, 세련되지도 않은
그렇지만 자연스러운 메콩강의
민낯을 뒷골목에서 만날 수 있다.

메콩강 유역도 변화고 있다.

그러나

뒷골목은 변화의 가장 끝,
그리고 마지막의 덧칠

5. 메콩강의 도시락문화

날씨가 무더운 동남아에서는
외식문화가 발달되어 있다.

메콩강 유역도 외식문화가 발달되어 있지만
메콩강 유역은 다른 동남아 국가들에 비해
도시락문화도 발달되어 있다.

특히 미얀마와 라오스는 도시락이 일반화되어 있다.
학생뿐만 아니라 일반인도 도시락을 애용하고 있다.

미얀마와 라오스의 거리에서는 도시락을 들고 다니는
사람들을 자주 볼 수 있고, 옹기종기 모여 앉아
도시락을 먹는 정겨운 모습도 볼 수 있다.

도시락에는
준비하는 사람의 정성과 먹는 사람의 감사함이
담겨져 있다.

메콩강 사람들의 가족사랑은 도시락을 통해
더욱 돈독해지고 있다.

6. 메콩강 커피 한잔

세계에서 가장 오래되고 지속적으로 사랑받는
음료 중에 하나가 커피이다.
일반적으로 커피는 서양 사람들의 기호식품으로 인식되고
서양문화의 일부로 생각되어 진다.

그러나

커피의 출발점은 아프리카와 중동이다.
서양에서 확대 발전된 커피문화는 서양의 문화가
동남아에 유입되면서 같이 전달되었는데
모든 문화가 그렇듯이 커피문화도 동남아화 되었다.

특히 메콩강 커피는 연유와 달걀 등을 섞어 매우 달달하다.
동남아의 무더위, 여유, 따뜻함이 쓴 커피에 달달하게 섞여 있다.

105
WEASEL COFFEE
CHỒN
45.000/100g
WEASEL COFFEE
CHỒN

COFFEE

1055

7. 메콩강 유역의 외국인 거리

메콩강 유역에는 외국인들이 여행을 와서 생활하는데 문화적 충격을 받지 않고 편안하게 여행을 즐길 수 있는 곳들이 마련되어 있다.

대표적인 곳이 태국의 카오산 로드인데 카오산 로드는 세계배낭족들의 천국으로 알려져 있다.

이곳은 24시간 세계 각국에서 온 배낭족들이 편안하게 생활할 수 있는 태국 속의 외국이다. 그런데 메콩강 유역에는 태국의 카오산 로드와 같은 외국인 관광객을 위한 관광단지가 많은 곳에 개발되고 있다.

사회주의 국가인 베트남, 라오스, 캄보디아의 수도뿐만 아니라 주요 관광단지에 형성되어 있다. 이러한 경향은 메콩강 유역 국가들의 대외개방정책과 연관되어 있다.

메콩강 유역은 더 이상 은둔의 지역이 아닌 글로벌 관광지로 세계를 향해 문을 활짝 열고 외국인 관광객을 기다리고 있다.

INTERNET
OVERSEA CALL
FLIGHT TICKET
BUS & TRAIN
VISA SERVICE
DAILY TOUR
TREKKING TOUR
HOTEL BOOKING
Scan & Copy
PULL
TOURIST INFORMATION
BUS TRAIN SERVICE
1 Baht
per minute
Minimum 20 Baht
OVERSEA CALL
15 ฿
KOH SAMUI
KOH CHANG
KOH TAO
KOH SAMET
CHIANG MAI
KOH PHI PHI
SIEM REAP
KOH LANTA
VIENTIANE
PATTAYA

LAUNDRY
SERVICE
1kg 7000 kip

8. 경제성장과 씨클로

베트남하면 가장 먼저 떠올려지는 교통수단은 씨클로이다.

씨클로는 단순히 베트남의 대표적인 교통수단을 넘어 베트남의 풍경이 되고 있다. 씨클로는 베트남의 도시풍경을 이국적으로 만드는 일등공신이다.

베트남을 방문할 때마다 느끼는건 여전히 시클로를 베트남 거리에서 볼 수 있지만 20년 전 거리에 즐비하게 늘어서서 고객을 기다리던 시클로의 모습이 드문드문 보인다. 베트남의 거리에서 시클로가 사라지고 있다.

20년 전 호치민 거리에서 호객행위를 집요하게 하던 씨클로 기사의 풍경이 사라지고 있다. 씨클로가 자동차, 오토바이 등의 더 빠르고 편리한 대중교통수단으로 대체되고 있기 때문이다. 무엇보다 경제성장에 따른 베트남 국민들의 소득 증대에 따른 현상이다.

PHONG KHÁM
CHUYÊN KHOA MẮT
VINASUN TAXI
51A-638.01
Q1X-312B

ANPHA
A N P H A

9. 씨클로의 풍경

씨클로를 타면 패달을 힘차게 밟는 씨클로 기사들의 고단함, 힘든 일상, 그 어려움 속에서도 늘 잃지 않은 웃음이 아련하게 다가온다.
씨클로 기사의 어깨 넘어 가장으로서의
삶의 무게가 무겁게만 무게만 느껴진다.
무더위와 고단함을 물 한 모금으로 위로 받는 모습에서
씨클로의 페달이 더욱 무겁게 다가온다.

힘겹게 페달을 밟을 때마다 가족을 떠올리고 위안을 받는다.
무더위에 지칠 때 집에 두고 온 예쁜 아이의 영롱한 눈망울을 떠올리고
어려운 비탈길을 올라 갈 때 노모의 깊게 패인 주름을 떠올리고
씽씽 달리는 자동차에 기죽을 때 아내의 사랑과 격려를 떠올릴 것이다.

삶이란 너무 힘들어 페달을 놓고 싶어도 한걸음 나아가기 위해 또 다시 밟아야하는 씨클로의 페달인지 모르겠다.

53N 3827

10. 메콩강 유역의 벽화

메콩강 유역의 대표적인 문화유적지인 앙코르와트의 수많은
사원의 벽면에는 종교적인 벽화가 많다.

앙코르와트의 벽화에는 힌두교와 불교의 종교적인 의미의 벽화가
문자의 설명없이도 이해할 수 있게 조각되어 있다.

벽화는 종교적 의미의 그림뿐만 아니라
그 시대 메콩강 유역의 일상생활, 정치, 경제의 상황을 엿볼 수 있다.
그때나 지금이나 삶은 때론 웃음 가득, 또 때론 근심과 슬픔 가득

11. 사회주의 국가들의 벽화

베트남 거리를 걷다보면
도심의 벽면에 사회주의 색채가
물씬 풍기는
형형색색의 벽화를 자주 볼 수 있다.

베트남이 걸어온 길
현재의 국가적 과제, 걸어가야 할 길을
간단하면서도 명료하게 묘사하고 있다.
굳이 구구절절 설명하지 않아도
베트남의 과거, 현재, 미래를
파노라마처럼 느낄 수 있다

HỒ CHÍ MINH
TÂM
TOÀN QUỐC
XI
THẮNG LỢI NGHỊ QUYẾT ĐẠI HỘI
55
NĂM
ĐƯỜNG TRƯỜNG
VI
M

CHÀO MỪNG KỶ NIỆM
60
NĂM
1954 - 2014
NGÀY GIẢI PHÓNG ĐIỆN BIÊN PHỦ

12. 길거리 아침 반찬가게

메콩강 유역의 음식문화 중에 하나가
길거리 반찬 리어커이다.
이른 아침 다양한 반찬가게들이
정갈한 반찬을 준비해놓고 손님을 기다린다.

반찬을 들여다보면 메콩강의 풍요로움이 느껴진다.
특히 메콩강의 풍부한 생선이 맛을 뽐내고 있다.

다양한 양념으로 맛깔스럽게 요리되어
아침식탁에 오를 준비를 하고 있다.
길거리에서 즉석으로 구워서
손님에게 건네주는 모습이 매우 정겹다.

13. 메콩강 유역은 해양문화와 대륙문화가 만나는 곳

메콩강은 대륙에서 시작하여 바다로 흘러간다.
메콩강은 대륙문화와 해양문화가 만나는 곳이다.

메콩강 유역의 문화도 대륙문화와 해양문화가 메콩강 유역의
토착문화와 어우러져 메콩강 유역의 독특한 문화를 만들었다.

메콩강 유역에 영향을 미친 외부세력도
대륙세력과 해양세력이 공존하고 있다.
메콩강 유역은 반도의 특성상
외부로 진출하기도 용이하지만
외부세력의 침략도 용이한 지역이다.

해양세력과 대륙세력의 용광로인 메콩강 유역 국가들은
이제 이 지역에서 주도적인 역할을 꿈꾼다.

14. 메콩강의 물축제

메콩강 유역의 국가들의 축제 중에는 물과 관련된 축제가 많다.
대표적인 축제로는 태국의 송크란 축제, 미얀마의 띤짠 축제 등이 있다.
물 축제의 동기는 정화이다.

물로서 더렵혀진 몸과 마음을 씻어낸다는 의미이다.
정화의 의례에 물이 활용되는 경우는 다른 종교행사에도 많다.

메콩강 물축제는 정화라는 신성하고 엄격한 행위를
즐거움과 축제로 확대 발전시켰다.

축제기간 길거리를 지나는 누구든
어떤 엄격한 의례나 형식 없이
정화의 수단인 물세례를 받는 행운을 얻는다.

길손도 물 한 바가지를
길거리 누군가에게 끼얹는 정화의 선물을 할 수 있다.

Monday Corner

15. 메콩강 문화교류

메콩강 유역 국가들의 문화의 저변에는 불교라는
종교적 공통분모가 크게 자리잡고 있다.
이들 국가들의 불교사원을 방문하면
불교사원의 모습에서 매우 유사함을 느낄 수 있다.
동북아의 한국과 일본의 불교사원의 모습이
차이를 보이고 있는 점과 상반된다.

메콩강 유역의 문화교류는 종교적 교류뿐만 아니라
문화의 토대를 이루고 있는 교육 분야에서도 활발하다.
메콩강은 메콩강 사람들에게 다양한 역할을 하지만
학교의 통로로서 역할도 하고 있다.

메콩강을 통해 국경을 넘어
등하교를 하는 학생들을 자주 볼 수 있다.
메콩강을 통해 문화의 주춧돌인
종교와 교육이 늘 커뮤니케이션하고 있다.

วัดหัวลำโพง

16. 메콩강의 생노병사

인간이 생노병사의 삶을
누구나 예외없이 겪듯이
세상만사 삼라만상은
생과 멸의 과정을 겪는다.

메콩강도 작은 물줄기에서 시작하여
거대한 물줄기로 용솟음 쳤다가
그 세가 약해져 메콩델타를 거쳐
거대한 바다의 품으로 흘러들어 간다.

메콩강의 불자들이 믿는 극락정토에
이르는 길도 삶의 풍파와 윤회의 고리를
끊고서야 도달할 수 있는 구도의 길이다.

17. 메콩강 유역의 통과의례

메콩강 유역 사람들의 통과의례는
그들이 믿는 종교와 전통에 닿아져 있다.

종교의례와 지역적 전통이 경계의 구분이
사라진 채 민족의 전통의례로
계승발전되고 있다.

메콩강 사람들은 태어남과 동시에
종교와 토착전통이 융합된 통과의례를
생의 단계별로 성대하게 치른다.

성년식, 결혼식 그리고 장례식까지...

18. 메콩강의 숫자와 길흉

한국사람들은 왜 삼세판으로 의사결정을 하는가?
왜 삼을 의사결정의 판단 숫자로 간주하는가?
왜 칠을 행운의 숫자로 받아들이는가?

메콩강 유역의 사람들도 행운의 숫자와 길흉을 받아들이는 그들만의 관습이 있다.

어떤 경우에는 그들 언어의 발음이 행운과 부와 관련된 숫자를 선호하는 경우도 있고 역사적 경험에서 나오는 경우도 있다.

19. 메콩강 유역의 다양한 천문양

메콩강 유역의 사람들의
문화적 색채와 문화적 향기는
메콩강 유역 사람들이
한땀 한땀 정성을 들여 만든
천문양과 색감에서 느낄 수 있다.

원색의 강렬함, 현란함이
순수함과 한 공간에서 조화롭게 짜여져 있다.

20. 스콜은 쉼표

메콩강 유역에는
한 낮 땡볕 사이 사이에
예고도 없이 강한 빗줄기가
길손처럼 찾아온다.

혼비백산하여 장대비를 피하지만
스콜은 더위에 지친 몸과 마음에
청량음료같은
쉼터를 선물한다.

스콜은 자연의 선물이다.
잠시 더위를 잊으라고,
잠시 일을 멈추라고

스콜은 휴식을 선물하는 단비이다.
길지 않지만 매일 매일 거르지 않고
찾아오는 짧지만 굵은 빗줄기.
세차게 내리지만 길게 내리지 않아
처마 밑에서 짧은 단꿈을 꾸게 한다.
스콜은 매일 찾아오는 짧은 쉼표이다.

A KHOA SAI GON
Q10X·406A

21. 아오자이에서 론지까지

전통의상은
그 나라의 기후, 가치관, 멋 등이
고스란히 담겨져 있다.

메콩강 유역의 전통의상은
과거와 전통의
축제와 의례의 복식문화로만
머물러 있지 않다.

메콩강 유역의 전통의상은
현재와 일상생활 속에서
메콩강 사람들과 늘 함께 하고 있다.

어른들뿐만 아니라
학생들도 교복대신 전통의상을 입고 다닌다.
전통과 역사가 박물관에 박제되어 있지 않고
생활속에서 호흡하고 있다.

변화된 세상 속에서
전통의상이 주는 불편함과 부조화도 있겠지만
그곳이 아니면 볼 수 없는
그들이 아니면
입을 수 없는 깊은 멋을 자아내고 있다.

22. 두건과 논(non)

머리에 무언가를 착용하는 것은
멋을 뽐내거나
외부의 충격으로부터
안전과 보호를 하기 위함이다.

메콩강 사람들은 뙤약볕에서
노동을 장시간 하기 위해
베트남의 논과 같은
대나무 모자를 착용한다.

메콩강의 모자는
강력한 태양과
고단한 노동이 필요에 의해
만들어낸 노동상품이다.

이러한 노동상품이
유니크한 메콩강의 문화로
강력하게 각인되면서
메콩강의 대표적인 관광상품으로
각광받고 있다.

스위스 목동들의 노동요인 요들송이
스위스를 대표하는 문화로 인식되고
소의 목에 거는 종이 관광상품으로
인기를 얻고 있는 것처럼...

23. 메콩강 유역 미모의 기준은 미백

미의 기준은 시대와 지역에 따라
차이가 있고 변하고 있다.
진, 선, 미에서 객관화가 가장 쉬울 것 같지만
모범답안을 찾을 수 없는 것이 미가 아닐까?

메콩강 유역에서도 미의 기준은 다양하지만,
미백에 대한 선망이 매우 크다.
좀 더 하얗게 되고 싶은 마음은
값비싼 화장품 대신에 태양을 회피하는
적극적인 모습으로 나타나고 있다.

메콩강 유역의 여성들은 오토바이를 많이 타는데
머리부터 발끝까지 햇빛으로부터 차단하기 위해
무더위에도 불구하고 긴 옷을 입고 다닌다.

미얀마는 타나카라는 나무를 곱게 갈아서
얼굴에 발라 햇볕을 차단하고 있다.

값비싼 화장품을 접할 수 없는 아쉬움을 뒤로하고
아름다워지고 싶은 예쁜 마음이 타나카에서 소박하게
웃고 있다.

24. 메콩강의 공간배치

메콩강 유역 건축의
층간 배치와 도심과
변두리의 공간배치에는

메콩강 유역의 삶의 모습이
투영되어 있다.

종교적인
일상이 곳곳에 배어 있다.

메콩강 유역 국가들의 사람들은
불교신자들이 많은데
그들의 종교적인 삶에 맞추어
자연스럽게 마을 곳곳에는
불교사원과 불교종교시설물들이
일상생활 속에 어우러져 있다.

종교와 일상이 구분되지 않고
주택단지와 불교사원이
구분되지 않는다.

이른 아침 마을에 있는 불교사원의
스님들이 마을을 지나가면 길거리에
늘어선 마을 주민들이 스님에게
탁발공양을 한다.

종교와 일상이 구분되지 않은
메콩강 유역의 공간배치가 주는
자연스러움이다.

25. 메콩강변의 우체국 시계

휴대폰에 시계의 기능이 추가되면서
시계가 사라질듯 하였으나
시간뿐만 아니라 디자인으로 거듭 태어나
우리 곁을 지키고 있다.

메콩강 유역의 우체국에 가면
우체국 정중앙에 동그란 큰 시계가 있다.

메콩강의 우체국에 가면
아날로그 방식으로 시간을 알려주고,
손 편지를 누군가에게 보내는
설레임과 기다림을 접할 수 있다.

NHANH CHÓNG - CHÍNH XÁC
AN TOÀN - TIỆN LỢI - VĂN MINH

NHANH CHÓNG - CHÍNH XÁC
AN TOÀN - TIỆN LỢI - VĂN MINH
ĐÓNG GÓI BƯU PHẨM - BƯU KIỆN
PARCELS AND ITEMS PACKING
QUICKPOST

26. 3D 프린터와 메콩강 문화

3D 프린터로 머릿속 상상이
눈앞에 실현되는 세상에 살고 있다.
메콩강에 필요한 그 무엇이
3D 프린터로 구현된다면
가장 첫 번째
3D 프린터로 구현된 형체는 무엇일까?

또다른 메콩강을 만들 수 있을까?
메콩강에 필요한 수많은
물질적 형체들은
3D 프린터로 하나, 둘 만들어져
메콩강의 불편함을
해소해 줄 것이다.

그러나

평온, 고용함은
3D 프린터의 생산물들이
가져다주지 못한다.

평화, 평온은
만들어지는 것이 아니고
지키는 것이다.

27. 메콩강의 밥동무 문화

삼시세끼 먹는 것보다
더 소중하고 본질적인
일상의 문화는 없다.

먹는 다는 것
산다는 것
생존한다는 것

먹는 것을 함께 한다는 것은
공유하고 나누어지는 것

같은 음식을 먹고
함께 시간을 보내는 것

메콩강 유역에서는 타인과
식사를 함께 하는 것에
따뜻함이 있다.

낯선 길손에게
흔쾌히 숟가락을 건네주고
밥 동무가 되어 준다.

조건과 이해관계 없이
그저 정겹게 한끼를
권유한다.

메콩강 유역에서의 길손은
누구나
메콩강 친구들의 밥동무가 된다.

PEPSI
Max
Max
UNITEX

28. 메콩강 아이들의 모습

마을 어귀에서 들리는 아이들 소리는
사람 사는 정겨운 풍경이다.
값비싼 옷을 입고 신발을 신지 않았지만,

고사리 같은 손에
뽐내고 싶은 장남감이
들려져 있지 않지만,

별 것 아닌 일상의 놀이에서
웃고 또 웃는다.

60-70년대 모기를 퇴치하기 위한
소독차가 연기를 뿜고
마을을 달리면 그 뒤를 즐거워하며
달리던 한국의 그 아이들의 모습을
더 이상 한국에서는 볼 수 없다.

별 것 아닌 일상에서
깔깔 웃던 그 아이들을
메콩강에선 만날 수 있다.

TORRANCE
TIGERS

제4장 메콩강의 국경 풍경

1. 메콩강 유역의 국경은 삶의 터전

국가와 국가를 경계 짓는 국경은
일반적으로 제도적, 군사적 엄격함과
삼엄함이 먼저 떠올려진다.

메콩강 유역에도 국가 간의 수많은
국경이 존재하고 있고
일반적인 국경처럼
제도적, 행정적, 군사적인
모습을 볼 수 있다.

그러나

메콩강 유역의 국경은 단절보다는
이어짐의 의미가 더 크다.
국경이 시장의 공간을 제공하여
사람과 물산이 매일, 매일
집중되는 모습을 보이고 있다.

REPUBLIC OF THE UNION OF MYANMAR
IN
OUT

2. 메콩강 유역의 국경의 소통

국적이 다른 사람이 오고가는
국경을 나서면
국경의 삼엄함, 엄격함을 뒤로하고
새로운 시장이 펼쳐진다.

국경의 시장에서 만나는
상인들은 외국인이라는 거리감보다는
거의 매일 만나는 가까운 이웃

국경이 일상이 되기는 쉽지 않지만
메콩강 유역에서는
국경을 넘나드는 일상이
낯설지 않다.

사용하는 언어는 다르지만
오고가는 물건을
사고파는 데는 큰 불편함과
부족함이 없다.

IMMIGRATION
IMMIGRATION

3. 국경시장의 흥정

국경 시장의 흥정 속 그 어디에도
국경 너머의 정치적 이데올로기는
오간데 없다.

국경시장은 그냥 시장일 뿐
무엇을 팔고, 무엇을 사고,
어떻게 팔고,
어떻게 살 것이
중요할 뿐

국경시장에선
왁자지껄한 흥정만 있을 뿐
정치적 이데올로기의 대립은
찾을 수 없다.

GOLDEN TRIANGLE
黄金三角
PHA OUDOM
PAKTHA
PAKBANG

4. 메콩강 유역의 첫 관문 공항 스케치

공항에 첫 발을 내딛는 순간,
입국 수속을 밟는 과정에서
공항을 첫 방문하는 국가들의
경제발전 정도와
사회적 시스템을
가늠해 볼 수 있다.

메콩강 유역 국가들의 공항은
경제가 급속히 발달하면서
초현대식으로
변한 경우가 많고
공항의 소프트웨어적인 시스템도
선진화되고 있음을 느낄 수 있다.

사람과 물동량의 증가를
공항의 변화를 통해서 체감할 수 있다.
공항을 빠져나와 교통수단을 이용할 때도
그 나라의 경제발전 정도, 문화 사회시스템을
느낄 수 있다.
공항에서 도심까지 정찰가격으로 가느냐?
흥정을 해야 하나?

ຍິນດີຕ້ອນຮັບສູ່ວຽງຈັນ
WELCOME TO VIENTIANE, LAO P.D.R
PARKVIEW

ຍິນດີຕ້ອນຮັບສູ່ ສປປ ລາວ
WELCOME TO LAO P.D.R
Protect our Wildlife, Protect our Future

제5장 메콩강의 치유와 화해

1. 메콩강은 치유의 강

메콩강 유역은 역사적으로
크고 작은 갈등과 다툼이
끊이지 않은 국제분쟁지역이었다.

끝간데 모를 갈등이 차이를 넘어
씻을 수 없는 상처를 남겨주었고,

아픔이 분노를 낳았고
또 다른 아픔이 또 다른 분노를 낳았다.

메콩강은 갈등과 다툼의 분노의 흐름을
큰 바다로 모두 다 흘려보내고

메콩강은 이제 서로 보듬어 주고 안아주는
치유의 강이 되고 있다.

2. 메콩강의 독백

독백은 혼자말이다.
힘들 때 하는 혼자 말이다.

메콩강은 독백한다.
메콩강은 하나라고…

메콩강은 독백한다.
메콩강은 상류도 하류도
하나라고…

메콩강 유역의 상류국가들과
메콩강 유역의 하류 국가들 간의
이해관계 대립은 하나의 메콩강을
여러 갈래로 갈라놓는다.

메콩강은 독백한다.
메콩강은 하나라고…

3. 메콩강의 고백

메콩강은 고백한다.

메콩강은 슬픔도 기쁨도
함께 갖고 흐른다고...

그런데 강 밖의 외부인들은
메콩강을 슬픔의 강으로만
본다고...

메콩강은 고백한다.

강밖의 외부인들이
메콩강의 어둠만
보려고 하지 말고
찬찬히 밝음을 느끼라고...

메콩강은 고백한다.

메콩강은 풍족함도 부족함도
함께 있다고,

가진 건 많지 않아도 풍족하다고...

메콩강은 늘 흐르고 있기 때문에...

4. 메콩강의 과거가 현재를 만나면

메콩강이 기억하고 싶은 메콩강의 과거는
무엇일까?

그 시대 서양에 절대 뒤지지 않았을 앙코르와트일까?

메콩강이 기억하고 싶지 않은 메콩강의 과거는 무엇일까?

메콩강 유역이 이데올로기의 전쟁터가 되었던 것일까?

메콩강의 과거가 현재를 만나면

긴 전쟁의 아픔은 메콩강에 다 흘려보내고
앙코르와트와 같은 옛 영광을
메콩강 경제권에서 재연하는 것

5. 전쟁과 평화

메콩강 유역은 냉전시대 전쟁의 소용돌이에 휩싸여 큰 고통을 겪었던 지역이다. 긴 전쟁은 평화로웠던 메콩강 유역을 물질적, 정신적으로 초토화시켰고 그 피해와 상처는 과거에만 머물지 않고 현재까지 지속되고 있다.

메콩강은 기억하고 있다.
전쟁의 아픔과 고통을

메콩강은 기억하고 있다.
전쟁 이전의 평화로운 풍경들을

메콩강은 또렷이 기억하고 말한다.
평화가 얼마나 소중하고 아름다운가를...
그리고 말한다 평화는 지키는 거라고...

6. 메콩강의 화해의 물결

메콩강은 때론 너무 넘쳐 홍수를 가져오기도 하고
때론 부족하여 가뭄의 고통을 주기도 한다.

메콩강은 때론 세차고 강하게 흘러
주변의 바위를 닳게 하고 오래된
큰 나무를 뿌리 채 뽑아버리기도 한다.

그러나

메콩강과 나무와 바위는
늘 공존하고 흐르고 또 마주한다.
메콩강 유역에도 크고 작은 갈등속에
때론 상처를 주고 때론 상처를 받으면서
풀리지 않은 매듭들이 곳곳에 있다.

상처 받은 나무와 바위가 메콩강과 화해하고
서로 공존하듯이 메콩강 유역에도 화해의
물결이 일고 있다.

7. 용서와 치유의 강

인도의 힌두교신자들은 갠지스강에 몸을 씻으면서
신께 인간으로서 행한 과오에 대해 용서를 구원한다.
지치고 병든 마음과 몸의 치유를 기원한다.

메콩강도 어머니의 강이다.
자식을 위해 모든 것을 다 내놓은 어머니의 강이다.

따뜻한 어머니의 품속에서 어린 아이가 안도하고 행복하듯이
어머니가 온갖 정성으로 아이의 아픈 몸과 마음을 치유하듯이

어머니의 강 메콩강에서 질곡의 역사가 치유하지 못한
상처가 치유되길...

8. 메콩강의 얘깃거리

메콩강은 많은 이야기를 담고 흐른다.
삶의 공간에서 소곤거리는 일상의 이야기.
생활의 일부가 되어버린 메콩강의 24시간
잠들지 않은 이야기

지나간 얘깃거리로 담기에는
너무 무거운
상처이야기
옳다 옳지 않다
쉽게 결론 낼 수 없는 이야기

역사의 아픔을 딛고
오늘과 내일의 일상을 이야기하는
메콩강은 역사와 일상의 구분 없이
일상이 역사를
만들며 흐른다.

Hélène Segara
Au c
du Lao
Lao
peuple
des hauteurs
Sophie Ladame
BURMA
THE ALTERNATIVE GUIDE
MYANMAR
Burma in Style
CAROLINE COURTAULD
JOEL BRINKLEY
CURSE
THE MODERN HISTORY
OF A TROUBLED LAND
SURVIVAL
IN THE
KILLING FIELDS
Recommended
THANT M
THE
RIVE
LOS
FOOTST
ASIAN HISTORY
THE FACE OF
RESISTANCE
THAN SHWE
UNMASKING BURMA'S TYRANT
BENEDICT ROGERS
Aung San
Suu Kyi
and Burma's Struggle for Democracy
BERTIL LINTNER
THE LADY AND THE PEACOCK
AUNG SAN
SUU KYI
OF BURMA
PETER POPHAM
AUNG SAN
SUU KYI
THE VOICE OF HOPE

9. 메콩강은 이념의 용광로

메콩강은 이념의 색채를 유지한 채
유유히 흐르고 있다.
메콩강엔 자본주의의 물결도
사회주의의 물결도 함께 흐른다.

때론 경쟁하듯,
앞서거니 뒷서거니 하면서
또 때론 함께 섞이면서
메콩강의 급류를 헤쳐간다.

메콩강은 이념의 용광로이다.
섞이는 과정에 혼란과 갈등도 있었고
심각한 체제경쟁도 있었지만
지금은 미래로 향해 함께 흘러가고 있다.

ชาติไทยพัฒนา
ปรองดอง
เพื่อความสุขของ...
คนไทยทั้งชาติ
พล.ต.สนั่น
ประดิษฐ์
โปรดเลือก
21
พรรคเพื่อไทย
คิดใหม่ ทำใหม่
เพื่อไทยทุกคน
..อีกครั้ง
ยิ่งลักษณ์
ชินวัตร
ละออง
ติยะไพรัช
1

10. 메콩강의 전근대와 근대 그리고 현대

근대와 현대의 구분은
누구의 잣대에 의한 것인가?

근대와 전근대
근대와 현대

근대와 현대의 구분에
행복의 눈금은 있는가?

메콩강은 전근대에서 근대로
근대에서 현대로 오는
발걸음이 더디고

때론 뒷걸음질 치거나
제자리 걸음을 한
역사의 시계가 있다.

역사의 마디마디에
멈추었던 시간들이
오늘의 메콩강 유역의
파노라마라면

무엇이 아쉬움으로 남고,
무엇이 다행(多幸)으로 남았는가.

SUPER ONE
Hyper Market
Birthday
HOT or COLD

11. 공간이 담고 있는 울림과 메아리

이 공간에 오면
떠올려지는 것이 있다.

이 공간에 오면
느껴지는 울림과 메아리가 있다.

메콩강이라는 공간에 오면
평화와 평온의 소중함이 떠올려진다.

메콩강이라는 공간에 오면
평화와 평온의 묵직한 울림과
긴 메아리가 있다.

12. 만들어진 슬픔과 분노

산다는 것은 늘 웃을 수만 없다.
설움에 복받쳐 우는 날도
억울해 너무 억울해
울음조차 막혀버린
암담한 날도 있다.

메콩강 유역엔
스스로 만든
스스로 자초한
슬픔과 분노보다
역사의 소용돌이에 힘없이
빨려 들어가 버린
허무한 슬픔과 억울함이
짙게 침전되어 있다.

메콩강 사람들의 삶을 대하는
긍정적 발걸음은
힘든 기색 하나 없이
미래로 나아가는 발걸음을
매일 내딛는다.

메콩강은 흐름을 멈추지 않는다.
메콩강 사람들도 과거에 갇혀
탓하고 갈라서지 않는다.

이유가 어디에 있든지
탓하고 울고만 있지 않다.

13. 스스로 댓글에 댓글을 다는 역사

자신의 삶의 주인공은 바로 자신이듯
메콩강 유역의 주인공은
메콩강 사람들이다.

그러나

제국주의시대 메콩강 역사는
외부세력에 의해 주도되었다.

메콩강의 주인공은
방관자로 전락하였고
객이 주인공이 되어
메콩강의 관점이 아닌
객의 관점에서 메콩강을
바라보았다.

메콩강 유역의 역사는 끊임없는
외세의 침략속에
외세에 의해 묻고 답한 흔적들이
댓글되어 기록되어 있는 경우가
다반사다.

이제 메콩강의 주인공들이
스스로 묻고 답해야 한다.

제대로 왔는가,
제대로 서 있는가
제대로 가고 있는가

이제
스스로 질문하고
스스로 댓글을 달고
그 댓글에 댓글을 달아야 한다.

CẢM TỬ
CHO TỔ QUỐC
QUYẾT SINH

14. 메콩강에 비가 와도 비가 멈춰도

메콩강에 장대비가 쏟아져도
그 비 그치고 무지개가
메콩강에 떠도

또 다시
소나기가 메콩강을 내리쳐도
먹구름이 메콩강을 먹칠해도

메콩강은 흐르고
또 흐른다.

메콩강 유역에 일상의
평화의 따사로운
햇볕이 가득했을 때도
폭풍우가 휘몰아 쳤을 때도
메콩강은 흐르고 또 흐를 뿐이다.

15. 메콩강에 역사의 리모콘이 있다면

인생의 수레바퀴가 터벅터벅 굴러가듯
역사의 흐름에 멈춤은 없다.

그러나

영원히 멈출 수는 없어도
일시 정지라도 할 수 있다면
역사는 다시 쓰여졌을 것이다

일시정지의 리모컨이라도 있다면
우를 범하지 않고,
실수를 줄일 수 있었을 텐데...

메콩강 유역의 기나긴 내전과
전쟁의 시작에 일시정지의
역사의 리모컨이 있었다면
지울 수 없는 아픔과
아물지 않은 상처를
보듬어 줄 수 있었을 텐데...

16. 메콩강 유역의 리터 다툼

인간사는 세상에는 늘 경쟁자가 있고
경쟁의 결과는 늘 순위로 매겨진다.
1등이 있으면 2등이 있고
그리고
꼴등도 있다.

메콩강 유역에도 역사적으로
지배자가 있고
피지배자가 있었다.

메콩강 유역 내에서
지배와 피지배가
이루어진 경우도 있고
외부세력의 지배를 받은 적도 있다.

역사적으로 지배하고자 하는 직접적인 행태는
영향력을 행사하고자 하는
간접적인 외교술사로 변했지만...

군사적으로 지배하고자하는 강압성이
경제적으로 영향력을 예속화하려는
모습으로 바뀌었지만,

더욱 강해지는 강자의 무기가 아닌 상품으로,
군사력이 아닌 경제력으로

1등과 2등의 역량이 바뀌고 있을 뿐

언제나 1등이 있으면 2등이 있고
모두가 1등을 하는 날은
과거에도 현재에도 없다
미래에는...

17. 메콩강 유역의 영웅동상

메콩강 유역을 천천히 걷다보면
지나간 시간 속에 누군가에게
영웅으로 기억되고 있는 영웅들의
동상을 만나게 된다.

메콩강의 영웅들의 모습을 생생하게
묘사한 손끝에는 한결같이
강인함이 배어있다.

강인함 없이 메콩강과
조국을 지키는 것은
흘러가는 강물을
맨손으로 움켜지는 지는 것과
같았으리라...

MARITIME BANK
SALONPAS
HOTEL
KHACH SAN THIEN TU
Salonpas

18. 존경받는 리더

태국과 베트남은 정치체계, 경제발전 단계도
상이하지만 거리를 걷다보면
한 가지 공통점을 발견하게 된다.

대다수의 국민들의 존경을 받는
국가의 큰 어르신의 사진을
자주 볼 수 있다는 점이다.

그 주인공은
태국의 전 푸미폰국왕과
베트남의 호치민 전 국가 주석이다.

국민적 존경과 사랑, 그리움이
과거에 머물지 않고 현재 진행형이고
마음속 깊은 곳에서 우러나는 존경심이다.

국가와 사회에서 성공한 리더는 많지만
존경받고 사랑받는 리더는 많지 않다.

ทีฆายุโกโหตุ มหาราชา
ขอพระองค์ทรงพระเจริญ

" BIỂN BẠC CỦA TA
DO DÂN TA LÀM CHỦ."
(Lời Chủ tịch Hồ Chí Minh)

19. 메콩강 왕국들의 흥망성쇠

삶이 영원하지 않듯
사상누각의 권력을 토대로 하는
메콩강의 크고 작은 왕국들도
생멸을 거듭하였다.

역사에 이름만으로 기억되고
사라져 버린 찬란했던 왕국의
흔적에서 권력의 무상함을 느낀다.

건국과 패망의 수많은 역사적 붙임 속에
메콩강 유역에는 좌절, 분노
그리고 새로운 희망이 반복되었다.

수많은 왕국들의 그 시대정신, 유산들은
어떤 형태와 어느 정도의 무게로 후손들에게
전해지고 있을까

그 때 그렇게 간절하게 지키려고 했던 것은
권력이었을까? 신념이었을까?
그 권력은 어디로 가고,
그 신념은 어디에 남아있는가?

제6장 메콩강 유역의 가난과 희망

1. 메콩강의 가난 그러나 웃음

가난이 주는 고통은
차디찬 살얼음판에 손을 담구는 것

가난이 주는 슬픔은
밤새 울어도 그치지 않은 하염없는 눈물,

가난이 주는 상처는
긴 시간이 지나도 또렷이 기억되는 아물지 않은 흔적

메콩강 유역 국가들의 공통분모중에 하나는 가난이다.
메콩강 유역의 국가들중에는 개도국도 있지만,
세계 최빈국도 있다.
메콩강 유역은 개도국 내에서도 가장 낙후된 지역이다.

메콩강 유역에도 가난이 던져주는
고통, 슬픔, 상처가 드리워져 있다.

그러나

메콩강을 터전으로 사는 사람들은
웃는다. 주어진 삶을 받아들이고,
감사한다.

그 웃음 뒤엔
고통, 슬픔, 상처가 같이 걷고 있다.

2. 가난의 긴 그림자

메콩강 유역에 뻗어있는 가난의 그림자는
길고도 깊다

가난이 주는 깊고 긴 그림자엔
일상의 고단함이 따라다닌다.

먹고사는 문제

배불리 먹고 사는 문제

최빈국의 탈출의 꿈

개발이 가난을 씻겨주려나

발전이 먹고사는 것이
고통이 아닌 즐거움이란 걸
알게 해 주려나

POWER
I-1211

3. 메콩강 경제권은 동남아 협력의 창

냉전시대 메콩강 경제권의 사회주의 국가들과
선발 아세안 국가들 간에는 체제경쟁이 지속되었고
불신의 벽도 매우 높았다.

동남아에서 냉전의 찬 기운이 사라진 후
이데올로기의 긴 장벽 뒤에 숨겨져 있던
상호 협력의 기운이 싹트기 시작하였다.

가까운 이웃임에도 간격이 컸던 동남아 국가들의
협력의 물고는 메콩강 경제권의 개발에서 시작되고
있다.

선발 아세안 국가들과 후발 아세안 국가들이 경제적으로
상호보완적인 관계를 낙후된 메콩강 경제권에서
경제협력으로 꽃피우고 있다.

VINASUN TAXI

4. 메콩강 경제권은 블루오션

메콩강 경제권은

풍부한 천연자원,
풍부한 젊은 인력,
높은 교육열기,
낮은 임금,

그러나

기술력 부족
전기, 도로, 철도 등의
사회간접자본 부족

메콩강 경제권이 갖고 있는 장점은
단점을 극복하는 과정에서
고도화, 극대화될 수 있다.

메콩강 경제권은
외국인 투자자들에게
블루오션이다.

메콩강 경제권의 단점은 장기투자의 대상이고
투자를 통해 비즈니스의 걸림돌이 개선되면
메콩강 경제권의 장점을 만나게 된다.

외국인 투자자에겐 메콩강 경제권의 단점도 장점도
모두 투자의 동인으로 작용하고 있다.

5. 아세안으로 하나 되는 메콩강 경제권

유럽이 EU로 하나가 되어 가고 있다면
동남아는 ASEAN으로 하나가 되어 가고 있다.

동남아가 하나 되는 ASEAN 10의 결성은
메콩강 경제권의 사회주의 국가들이
아세안 회원국으로 가입하면서 실현되었다.

냉전의 시기에 아세안의 결성과 결속강화에는 메콩강 경제권
사회주의 국가들에 대한 경계와 반목이 크게
작용하였다.

냉전의 시기에 메콩강 경제권은 아세안 10의 결성에
큰 걸림돌의 지역이었다.

그러나

냉전 이후 메콩강 경제권은 아세안의 10의 결성에
디딤돌이 되었다.

걸림돌이 디딤돌이 되는
역사는 알 수 없다.

알 수 있는 건
역사는 멈춤 없이 흐른다는 것.

ທະນາຄານແຫ່ງສປປລາວ
ໂຮງຮຽນ ອະນຸບານ

...ture is an invaluable heritage from our ancestors It is one fundamental factor of nationhood, the spiritual foundation
...ciety. It is the guarantee of the perennity of our Nation. It is the strength and objective of national development.

6. 메콩강 경제권은 우향우 + 좌향좌

메콩강 경제권의 경제정책은 시장경제체제이다.

그러나

메콩강 경제권 국가들의 이념은 통일되어 있지 않다.

메콩강 경제권 국가들간의 이데올로기 갈등은 사라졌지만
이념은 여전히 다툼 없는 평행선이다.

메콩강 경제권 국가들 중에는
우향우를 지향하는 국가도 있고,
좌향좌를 지향하는 국가도 있다.

메콩강 경제권에서는
우향우도 좌향좌도
경쟁을 한다.
이데올로기가 아닌 시장에서...

Sử Dụng Bếp Gas Đun Nấu
KHÔNG ĐỂ XẢY RA CHÁY, NỔ GAS
25
TẤT CẢ VÌ SỰ NGHIỆP BẢO VỆ CHỦ QUYỀN, AN NINH BIÊN GIỚI TỔ QUỐC
GIỖ TỔ HÙNG VƯƠNG (MỒNG MƯỜI THÁNG BA ÂM LỊCH)
"... CÁC VUA HÙNG
ĐÃ CÓ CÔNG
DỰNG NƯỚC,
BÁC CHÁU TA
PHẢI CÙNG NHAU
GIỮ LẤY NƯỚC."
CÔNG NHÂN, VIÊN CHỨC, LAO ĐỘNG THÀNH PHỐ HỒ CHÍ MINH
GƯƠNG MẪU ĐI ĐẦU TRONG SỰ NGHIỆP CÔNG NGHIỆP HÓA, HIỆN ĐẠI HÓA

7. 메콩강의 현재가 미래를 만나면

메콩강 유역은
아직
빈곤하다.

메콩강 유역은
아직
가난의 그림자가 드리워져 있다.

그러나
메콩강 유역은
이제
가난의 그림자를 벗어나고 있다.

그리고
메콩강 유역은
앞으로
가난을 딛고 일어설 것이다.

가난을 벗어나고자 하는
현재의 힘찬 발걸음이
미래에 닿아 있기 때문에...

8. 메콩강의 무지개 너머엔 무엇이

무지개 너머엔 행복만 가득할까?
무지개 너머엔 기쁨만 가득할까?

메콩강의 무지개 너머엔
경제성장이 가져다준
편리함이 주는 행복과 기쁨도
있지만, 편리함이 주는
환경파괴도 있으리라...

메콩강의 무지개 너머엔

가난을 벗어난 메콩강과
건강한 메콩강이 함께
흘렀으면...

메콩강의 무지개 너머엔
오늘의 선택의 결과가
채워져 있을 것이다.

Lao flor

MOSCOW
TOKYO
BEIJING
SEOUL

9. 메콩강 유역의 야시장

메콩강 유역의 정겨운 풍경 중에
하나가 야시장이다.
메콩강 유역의 야시장을 찬찬히 들여다보면
공존이 상존하고 있다.

조금 더 가진자와 덜 가진자의
상생의 모습이 아름답게 빛나고 있다.
메콩강 유역의 야시장에는
주간에 상점을 운영하고 있는 점포 앞에
야간의 노점상이 자판을 벌이고 장사를 한다.

낮과 밤이 다른 시장의 모습에서
점포주와 노점상의 상생의 모습이 아름답다
메콩강 유역의 야시장에서의 가격은
사람냄새 나는 흥정에 의해 결정된다.
계산의 언어는 만국공통어를 대신하는
전자계산기가 한다.

물건을 파는 사람도 물건을 사는 사람도
통하지 않은 언어대신
전자계산기의 두드림으로 흥정을 한다.

메콩강의 유역의 야시장에서는
전자계산기가 통역기 역할을 한다.

메콩강 유역의 야시장에서는
관광상품뿐만 아니라 생활용품, 다양한
먹거리들이 밤이 깊어 가도록
다국적 손님을 기다리고 있다.

10. 메콩강 유역의 금융서비스

인간은 자신이 속한 사회에서의
일상을 당연한 것으로
받아들이는 경향이 있다.

일상에서 쉽게 접하고 이용하는 사회인프라가
어딜 가나 있을 것으로 생각한다.

대표적인 것이 금융서비스이다.
선진화된 사회에서 금융기관을 통한 예금과
대출 등의 금융서비스는 일상화되어 있다.

그러나

메콩강 유역의 국가들중에는
국민들이 금융서비스를 쉽게 접할 수 없는
경우도 많이 있다.

우리에겐 당연한 것이
아직 그들에겐
헐리우드 영화 속
한 장면처럼 다가온다.

ATM
Lao-Viet Bank

Phongsavanh BANK
CURRENCY
EXCHANGE
Customer Services
VISA
EXCHANGE RATES
WESTERN
UNION

11. 더도 말고 덜도 말고 재래시장 풍경만 같아라

메콩강 유역의 국가들은
가난을 벗어나지 못하고 있지만
재래시장에 가면
발디딜틈 없이
물건들이 길거리에 빼곡히
쌓여 있다.

메콩강 유역의 재래시장에 가면
낯선 열대과일들이
형형색색 빛깔과
향긋한 향기를
시장에 내뿜는다.
산지에서부터 먼 길 달려온 과일들의
싱그러운 속살들이 무심코
지나는 행인들을 불러 모은다

팔릴 듯 팔릴 듯 팔리지 않은
물건들은 상인들의 고단함을
아는지 모르는지 여전히 쌓여만 있다.

해질녘 주인의 마음은
벌써 집으로 향하고 있는데
길거리 물건들은
떠날 생각을 하지 않는다.

12. 메콩강의 토착산업

메콩강 유역에는
전통산업이 세월이 흘러 지금까지
계승되어 발전되고 있다.

대표적인 전통산업은
공예산업으로
돌과 나무를 재료로 만드는 상품이다.

공예품에는 메콩강 유역의 자연과 삶
그리고
종교적 염원이 조각되어 있다.

태국의 치앙마이에는
전통적인 우산과 양산을
제작하는 수공예작업이
관광상품화되어 운영되고 있다.

전통산업이 전통에 머물지 않고,
메콩강의 문화를 기억하고
상업적으로 영역을 확대하여
예술과 산업이
융합되고 있다.

..NO
..NO
ON..
ON..

13. 욕망에 길을 잃으면 어머니의 강에 가라

돈과 물질에 대한 욕망에 빠져 길을 잃었을 때
길을 잃은 것조차 느낄 수 없을 때,

욕망의 열차가 끝간데 없이 달리고 달릴 때
욕망의 피로감에 지칠 때

어머니의 강으로 가라

자연의 섭리와 순리에 역행하지 않은
메콩강을 바라보며 걸어라
메콩강을 유유히 흐르는
작은 물결들을 보면서
고요히 흐르는
메콩강의 소리에 귀 기울여라

물질적 풍요와 편리함보다
더 빛나는 삶의 보석은
순리에 따르는 것

메콩강은 메콩강보다
더 넓어지고 더 깊어지려 하지 않는다.
삶의 순리는
물 흐르듯 자신의 그릇만큼 살아가는 것

14. 메콩강 경제권의 시간표

메콩강은 쉼 없이 흐른다.
위에서 아래로 아래로 흐른다.

메콩강의 유속과 유량은
건기, 우기에 따라 상이하다.

메콩강 경제권의
경제개발 시간표도
국가에 따라, 지역에 따라
속도와 순서가 다른 여정을 갖고 있다.

먹고사는 문제를 가장 시급히 우선순위에
두어야 하는 경제개발 시간표도 있고,
산업고도화에 시간을
집중해야 하는 국가도 있다.

조금 여유롭게 양보다는
삶의 질의 개선을 생각하는
경제개발의 시간표도 있다.

메콩강 경제권의 개발정도와 목표는
메콩강의 시기와 지역에 따른
다양한 유속과 유량만큼이나
다양한 꿈을 꾸고 있다.

SAMSUNG
Chang
LET'S CELEBRATE
OCBC Bank
UnionPay Your Way
DBS
SINGAPORE AIRLINES
SILKAIR

NOKIA
LUMIA
Myanmar Mobile
SAMSUNG
Myanmar Mobile
SAMSUNG

15. 툭툭위에 쌓고 또 쌓고

툭툭의 뒤로
툭툭의 위로
툭툭의 옆으로

짐이 쌓이고
또 쌓인다.

더 이상 발 디딜 틈이 없어 보이는
좁디좁은 툭툭의 안쪽은 사람들로
채워지고 또 채워진다.

아마도 어쩌면
빈자리의 한계가 아닌
욕망의 한계가 끝나야
멈출 것 같은...

견딜 수 있는 짐의 무게도 아닌
달릴 수 있는 짐의 무게도 아닌
욕망의 무게

고요했던 메콩강 유역에
개발이라는 발전이라는
봇물이 터지면서
물질의 짐도 인간의 욕망도
끝이 어디인지
가늠하지 않고
쌓여만 간다.

가난의 굴레를
벗어나려는 희망이
욕망이라는 굴레를
메콩강에 만들지 않았으면...

16. 미개척, 미개발의 함의

메콩강 유역은 손길이 닿지 않은
미개척 지역이 많다.

천연자원은 자연의 선물이다.

오랜기간 장구한 시간
인간의 손길이 닿지 않은 댓가이다.

천연자원은 개척하지 않았기 때문에
보존되었던 자연의 선물

그러나

천연자원은 영원히 선물을 주지
않는다.

자연의 선물
천연자원의 개발은

선물을 준 자연을
파괴하는 불협화음을
가져온다.

개발과 보존
양립할 수 없는 것처럼 보이지만
양립해야 되는 두 명제에 대한
고민과 지혜가
메콩강 유역의 지속가능한
발전에 우선순위가 되어야 한다.

BASKET
100 B

제3부

강(江)의 경제-문화적 접근

제1장 강의 경제적 접근

1. 강은 종합선물 상자

강은 자연의 선물이다. 강은 인간에게 필요한 다양한 자원을 제공한다. 가장 기본적으로 인간에게 먹거리를 제공해준다. 인간이 마실 수 있는 담수를 제공해주고 더 나아가 인간이 농사를 지을 수 있는 농업용수를 제공해준다.

또한 강물은 중요한 에너지 자원 중에 하나인 수력발전을 통해 일상생활과 산업에 전력을 제공해주고 있다, 경제적으로 강은 자연그대로의 본질적인 가치와 인간의 인위적인 수정을 통해 부가가치를 창출하고 있다.

2. 강의 개발과 보존의 갈등

강은 정치적으로도 치수를 어떻게 하느냐에 따라 경제적 풍요뿐만 아니라 사회적 안정과 민심에 지대한 영향을 미치는 정치적 요인도 갖고 있다. 특히 강이 여러지역을 통과하는 경우 강의 개발과 자원보존 등을 둘러싸고 지역간 갈등의 단초를 제공할 수도 있어 정치적 해결이 요구되는 경우도 자주 발생하고 있다.

국제정치적으로도 강이 다수국가를 통과하는 경우 강의 개발과 보존, 강의 개발방식을 둘러싸고 국가간의 이해관계가 충돌하는 경우가 발생하고 있다. 강이 다수국가를 통과하는 경우 자연적으로는 하나의 강이지만 강도 인간이 만든 국경에 갇히고 특정 국가의 강으로 분류된다. 특히 하나의 강이 국가에 따라 상이한 명칭으로 불리기도하고 하나의 강을 둘러싼 다양한 분쟁이 발생하기도 한다.

3. 물의 다양한 경제적 의미

물 = 인간에게 깨끗한 식수를 공급
물 = 다양한 생물자원을 육성
물 = 관개시설 + 수력발전(에너지) = 다양한 산업발전의 원동력

1) 물은 인간과 생물의 생존의 기본

우리는 흔히 아무런 부족함없이 물건을 소비하거나 낭비하는 현상을 빗대어 물쓰듯 한다고 한다. 우리가 은연중에 사용하는 이 말에는 우리가 평상시에 물의 소중함을 인식하지 못하고 살고 있음을 말해주고 있다. 실제로 우리는 물의 고마움을 느끼지 못하고 산다.

그런데 물은 우리 인간이 기본적인 삶을 매일매일 영위하기 위해서 가장 필요한 요소임에는 틀림없다. 인간이 건강한 삶을 유지하고 살려면 매일 매일 매순간 청결한 식수를 공급 받을 수 있어야 한다. 충분하고 안전한 물의 공급은 우리 인간의 삶에만 필요한 것이 아니고 지구상의 다종다양한 생물자원의 생존과 육성에도 필요하다. 만약 지구상에 물이 없다면, 인간과 생물 모두 생존뿐만 아니라 번영도 이룰 수 없다(김태윤외, 2011).

2) 물은 산업발전의 원동력

안전하고 깨끗한 물의 공급은 인간과 생물의 생존뿐만 아니라 다양한 산업발전에도 필수적이다. 물과 산업의 관계는 일차적으로 관개시설 등으로 안정적인 물의 공급이 절대적으로 필요한 농업, 임업, 어업뿐만 아니라 수력발전을 통한 에너지 공급으로 다양한 산업발전의 원동력이 되고 있다.

4. 수자원 개발과 수자원 관리

물은 자연스럽게 인간과 생물에게 공급되는 경우도 있지만 인간의 과학적이고, 체계적인 수자원 관리를 통해서 물을 청결하고 안정적으로 유지하는 수자원 관리도 중요하다.

특히 댐 등의 건설로 수력발전을 통해 일상생활과 산업에 전력을 공급하는 에너지 자원으로서 수자원의 개발은 물의 활용도를 높이고 있다. 이러한 수자원 관리와 수자원 개발은 자연적인 물의 공급이 아닌 인공적인 측면이 강하여 부작용도 많지만 물에 대한 다양한 수요의 증가로 인해 다양한 형태로 발전되고 있다.

5. 물의 산업화

안전한 물의 공급과 경제발전, 삶의 질 향상은 무슨 관계가 있는가?

안전한 물의 공급은 인간이 삶을 영위하는데 있어 가장 기초적인 요소일 뿐만 아니라 인간의 삶의 질의 향상에도 중요한 요소로 작용하고 있다. 전 세계적으로 물의 안전에 대한 사회적 관심이 증대하고 있고, 수력발전을 통한 풍부한 전력공급은 삶의 질의 향상에 기여하고 있다.

이처럼 물이 삶에 다양한 영향을 미치면서 물이 산업화되고 있다. 물의 산업화는 안전한 물에 대한 수요의 증가뿐만 아니라 수력발전에 의한 산업발전의 원동력이 되면서 물의 산업화는 더욱 대규모화되고 있다.

6. 초국가적 수자원의 산업화의 갈등

앞서 살펴본 것처럼 물에 대한 다양한 수요의 증가로 물의 산업화는 가속화되고 있다. 그런데 수자원 개발과 수자원 관리가 한 국가내에서 이루어지는 경우가 아닌 2개국 이상에서 이루어지는 경우에는 초국가적 수자원 관리와 초국가적 수자원 개발을 둘러싼 문제가 발생할 수 있다.

수자원 개발이 초국가적으로 이루어질 경우 국가간에 수자원 개발에 따른 경제적 과실에 따른 경제적 분쟁이 발생할 수 있고 수자원 개발의 반대급부인 환경파괴에 따른 국가간의 분쟁이 발생할 수 있다. 무엇보다 수자원을 국가간에 공유하는 경우와 국가간에 수자원을 경쟁적으로 개발하는 경우 이에 따른 환경파괴는 심화될 수 있다.

7. 글로벌 물부족과 물전쟁

산업화의 가속화에 따라 세계적인 환경파괴와 이에 따른 기후변화로 물부족 현상이 세계 여러지역에서 발생하고 있다. 세계적으로 발생하고 있는 물부족 현상은 심화되어 아프리카의 일부 지역에서는 이에 따른 갈등이 심화되어 물전쟁으로 악화될 가능성도 상존하고 있다(ADB, 2016).

국내에서도 가뭄이 장기간 지속될 경우 각자의 마른 논에 물을 대기위한 이웃간의 갈등이 발생하는 경우도 있다. 수자원을 국가간에 공유하는 경우도 물부족 현상이 장기화될 경우 이러한 갈등이 이웃국가간에 심화될 수 있다.

8. 강은 물류와 교역의 중심지

강은 중요한 물자이동의 장소이다. 강을 통해 수 많은 물산이 이동되고 강을 통해 다양한 방식으로 교역된다. 강의 수로를 통한 운송방식은 고정적인 강의 형태와 깊이 뿐만 아니라 계절별 유속과 유량의 영향을 받는다.

강을 중심으로 하는 교역은 강유역의 지리적 특징뿐만 아니라 문화, 경제적 요인들이 복합적으로 작용하여 상관습을 정착시키고 이러한 상관습도 교역을 통해 상호교류되면서 공통의 접점을 찾아간다.

제2장 강의 사회문화적 접근

1. 문명의 발생과 강

인류의 4대 문명 발생지는 대부분 강을 토대로 두고 있다. 역사적으로 인류는 강을 기반으로 일상을 영위하면서 생존과 더 나은 삶을 위해서 문명을 발전시켜왔다. 각각의 문명은 문명발생지의 강을 닮아 있고 강유역의 토양, 기후, 풍토 속에서 발전되었다.

특히 강을 토대로 발생된 문명은 강을 통해 교류되고 전파되었다. 강의 흐름은 세상과 세상을 만나게 해주는 문화교류의 통로였고 문화융합의 용광로이다. 문화는 인간의 독특한 생활방식으로 세상에는 다양한 생활방식의 다양한 문화가 존재하고 있다. 문화는 인간이 자연에 적응하고 그 속에서 생존하고 삶의 질을 향상시키는 과정에 자연스럽게 발전되었다.

제4부
메콩강에 대한 이해

제1장 메콩강의 실제

1. 메콩강의 시작과 끝

메콩강(Mekong)의 발원지는 어디인가?
메콩강의 발원지는 중국의 티벳 고원이다.

메콩강은 동남아 지역이 아닌 중국의 티벳 고원에서 발원하여 인도차이나 반도의 구석 구석을 흘러 남중국해로 흐른다. 이처럼 메콩강은 고원에서 시작하여 긴수로를 따라 긴 여정을 한 후에 바다로 흘러간다(심의섭, 1997).

2. 메콩강이 흐르는 국가

메콩강은 동남아만 흐르는 강인가?

메콩강은 동남아 국가뿐만 아니라 동북아의 중국 윈난성에서 출발하여 동남아의 태국, 미얀마, 라오스, 캄보디아, 베트남을 흐르는 글로벌 강이다. 이처럼 메콩강은 동북아에서 동남아로 흐르는 강이다.

3. 메콩강의 의미와 다양한 명칭

메콩강 = 어머니의 마음 = 어머니의 큰 강

메콩강의 이름은 누가 작명하였고 의미는 무엇인가?

메콩강은 다이족이 작명한 것으로 본래 이름은 메남콩 강인데 이를 축약하여 메콩 강이라고 부른다. 다이족의 토착 언어로 콩 강이란 의미는 모든 강의 어머니 또는 젖줄과 같은 강을 의미한다.

메콩강은 모든 나라에서 똑같은 명칭으로 불려지는가?

우리가 일반적으로 말하는 메콩강은 중국에서는 메이꿍허(湄公河)라고 부른다. 티베트에서는 메콩 강 상류를 란창장(蘭滄江)이라고 부른다. 이밖에도 미얀마에서는 메콩이라고 부르고 베트남에서는 끄우롱강 또는 메꽁(Mê Kông)강 이라고 부른다(조대현, 2011).

제2장 메콩강의 규모

메콩강 = 동남아 최대의 강
세계에서 12번째 큰 강
세계 21번째 유역면적
세계 8번째 초당유량
세계 2번째 생물다양성

1. 메콩강의 길이와 유역, 유량

메콩강의 전장 길이는 약 4,181km로 동남아에서 제일 긴 동남아 최대의 강이고 세계에서도 12번째로 긴 강이다. 강의 유역면적은 795,000 km^{2}로 세계에서 21번째로 큰 규모로 한반도 4배이다(김홍구 · 박장식, 2002).

2. 메콩강의 유량과 생물 다양성

메콩강의 초당유량은 1만 5,000m^{3}로 세계에서 8번째이고, 메콩강의 생물 다양성은 세계 2번째로 남미의 아마존강 다음으로 풍부하다(정재완, 2002).

제3장 메콩강의 상류와 하류

1. 메콩강의 국가별 유역면적

앞서 살펴 보았듯이 메콩강은 6개국을 흐르는 글로벌 강으로 유역면적은 한반도의 4배 정도의 면적이다. 광대한 메콩강 유역이 각국에서 차지하는 비율은 라오스 25%, 태국 23%, 캄보디아 20%, 중국이 20%, 베트남 8%, 미얀마 3%로 라오스가 가장 크고 미얀마가 가장 작다(김홍구 · 박장식, 2002).

2. 메콩강의 상류와 하류

메콩강의 상류와 하류의 구분은 어떻게 이루어지는가?

메콩강의 상류와 하류의 구분은 인도차이나 반도의 3국인 라오스, 태국, 미얀마의 국경선이 접하는 일명 황금의 삼각지대(golden triangle)를 분기점으로 해서 구분된다. 메콩강의 상류는 중국의 윈난 고원의 남부에서 라오스의 비엔티엔의 북부에 이르는 메콩강 협곡으로서 미얀마의 샨주의 동부와 태국 동북부를 포함하는 지역이다(권기철, 2002).

메콩강의 하류유역의 메콩강 길이는 약 2,400km로 미얀마 국경의 남부로부터 태국, 라오스, 캄보디아, 베트남 4개국을 흐르는 부분으로 유역면적이 약 60만 7천km로 메콩강 유역 전 유역면적의 약 77%를 점유하고 있다(심의섭, 1997).

제4장 메콩강의 특징

1. 강의 상류부 소수국가, 강의 하류부 다수국가

일반적으로 여러 국가를 흐르는 글로벌 하천은 강의 상류부에 다수국가가 입지하고 있고 강의 하류부에 소수국가가 입지하고 있는 경우가 많다. 이에 비해 메콩강은 강의 상류부를 중국이 대부분 점유하고 있고 강의 하류부는 태국, 라오스, 캄보디아, 베트남의 4개국의 다수국이 차지하고 있다(ADB, 2016).

이처럼 강의 상류를 소수국가가 점유하고 강의 하류를 다수국가가 점유하는 경우에는 강의 개발과 강의 관리를 둘러싼 강의 유역국간에 이견과 이해 관계의 대립으로 분쟁이 발생할 가능성이 있다.

▶▶▷ Check Point | 아마존강과 메콩강의 차이점

전 세계적으로 하나의 강을 다수국가가 점유하고 있는 대표적인 사례가 남미의 아마존강과 아시아의 메콩강이다. 그런데 아마존강과 메콩강은 열대국가를 흐른다는 공통점도 있지만 지정학적으로 강의 상류와 하류의 유역국가의 구성에서 차이가 있다.

앞서 설명하였듯이 메콩강은 강의 상류유역을 소수국가가 차지하고 강의 하류유역을 다수국가가 차지하고 있다. 이에 비해 아마존강은 반대로 강의 하류부에 브라질 한 국가가 입지하여 있고 강의 상류부에 베네주엘라, 에콰도루, 볼리비아, 페루, 콜롬비아가 입지하고 있다(김홍구, 박장식, 2002).

2. 메콩강 하류유역은 생활권

강과 더불어 삶을 영위하는 모습은 아름답다. 강을 중심으로 형성된 마을은 강을 닮는다.

메콩강 하류유역 국가들의 생활권도 강을 중심으로 이루어지고 있다. 메콩강에 토대를 두고 있는 라오스, 캄보디아의 경우에는 이들 나라의 생활권은 상당부분 메콩강 유역에 구축되어 있다.

이외에도 메콩강 유역의 대표적인 경제강국인 태국의 생활권의 3분의 1도 메콩강 유역이 차지하고 있고 메콩강의 최남단에 위치하고 있는 베트남의 경우에도 생활권의 반정도가 메콩강 유역을 중심으로 구축되어 있다. 이처럼 메콩강 유역은 매일 매일 생동감이 있게 삶이 삶의 터전이다(양승윤외, 1997).

3. 메콩강은 긴 항해가 어렵다.

앞서 설명하였듯이 메콩강은 동남아에서 최대로 긴 강이고, 세계에서도 12번째로 긴 강이다. 이렇게 길고도 긴 메콩강은 강의 시작되는 곳에서부터 끝나는데 까지 아무런 걸림돌없이 항해가 가능한가? 즉 메콩강의 상류부터 하류까지 긴 수로를 항해할 수 있는가?

메콩강의 상류부터 하류까지 막힘없이 하나의 수로로 항해는 쉽지 않다. 가장 큰 이유는 메콩강은 강내에 급류와 폭포가 많이 존재하고 유량이 계절에 따라 급속하게 변하여 항해가 용이하지 않다(조대현, 2011).

4. 메콩강은 메콩강 유역의 간이교통수단

작은 배를 타고 국경을 넘는 상상을 해본 적이 있는가? 그것도 매일 매일 작은 배를 타고 국경을 넘나드는 일상을 경험한 적이 있는가?

메콩강 유역 국가들은 메콩강을 경계로 국경이 형성된 경우가 많아 메콩강은 국경과 국경을 잇는 도로와 철도와 같은 국경의 수로길의 역할을 하고 있다. 메콩강은 협곡과 폭포가 많아 대형 선박이 메콩강을 운항하기는 힘들다. 그러나 메콩강은 메콩강 유역의 지역과 지역을 연결시켜주는 간이 교통수단의 역할을 하고 있다.

제5장 메콩강 유역의 자원

1. 메콩강은 농업과 어업의 젖줄

메콩강은 풍부한 수량으로 비옥한 농업, 풍족한 어업의 소중한 젖줄이 되고 있다. 메콩강 유역은 곡창지대로 2모작뿐만 아니라 3모작까지도 가능한 지역이 많다. 메콩강은 어족이 풍부하여 메콩강 유역의 사람들에게 중요한 식량과 영양분을 공급하고 있다.

2. 메콩강 유역의 천연자원

메콩강 유역은 천연자원이 매우 풍부한 지역이다. 특히 메콩강 유역은 경제개발과 산업발전에 필요한 석탄뿐만 아니라 가스와 석유의 매장량이 많다. 이외에도 메콩강 유역은 다양한 임산물, 광물자원이 풍부하다. 원유는 미얀마, 베트남 등에 매장되어있고 천연가스는 미얀마, 원목은 라오스 미얀마 고무는 태국 등이 풍부하다(이효찬, 2014).

제5부
메콩강 유역의 개발

제1장 지역개발 전략

1. 개발과 환경보호

지역개발은 빈곤타파와 자원의 효율적 운영을 통한 국가 경제발전이라는 거시적 측면과 지역경제발전이라는 미시적 측면에서 모두 중요한 사안이다. 특히 지역개발은 균형발전과 낙후된 지역의 발전이라는 측면에서 종합적으로 고려해야 되는 사안이 많다.

고려해야 되는 사안에는 경제적 요인 뿐만 아니라 환경보호와 지속 가능한 발전이라는 중장기적인 계획이 수반되어야 한다. 특히 지역개발을 단기적인 경제적 성과에만 치중하여 한번 훼손되면 복구가 힘들고 더 큰 비용을 수반하는 환경파괴를 초래하는 개발을 추진해서는 안된다.

개발과 환경보호라는 양립이 쉽지 않아 보이는 명제를 지속가능한 발전이라는 대명제하에 종합적이고 중장기적인 마스터 플랜하에 체계적으로 추진되어야 한다.

2. 풍부한 천연자원 미개발

메콩강 유역은 천연자원이 풍부하다. 메콩강 유역은 다양한 광물자원뿐만 아니라 석유, 석탄, 가스 등의 에너지 자원도 매우 풍부한 지역이다. 메콩강의 천연자원을 접근할 때 중요한 내용 중에 하나는 풍부한 천연자원이 체계적으로 조사되어 개발되고 있지 않은 경우가 많다는 점이다.

메콩강 유역의 국가들은 경제적으로 대규모 천연자원의 매장을 정확히 조사할 여력이 충분하지 않다. 기술적으로도 천연자원의 탐사를 할 만큼 기술력이 축적되어 있지 않다. 이처럼 메콩강 유역은 천연자원이 풍부함에도 불구하고 메콩강 유역 국가들의 경제력, 기술력의 미비로 본격적인 개발이 이루어지지 않고 있다.

3. 천연자원이 생계수단에서 경제발전의 동력이 되려면

메콩강 유역의 천연자원은 조사와 개발이 본격적으로 이루어지지 않아 연관산업과 연계되어 있지 않은 경우가 많다. 메콩강 유역의 천연자원은 대규모로 개발되지 않고 소규모로 개발되어 메콩강 유역 주민들의 생계수단에 머무는 경우가 많다.

메콩강 유역의 풍부한 천연자원은 분명 메콩강 유역의 성장동력임에는 틀림없다. 그러나 메콩강 유역의 천연자원의 개발이 메콩강 유역 주민들의 소규모 생계수단의 틀을 벗어나지 못하면 메콩강 유역의 지속적인 성장동력으로 작용하는데는 한계가 있다.

메콩강 유역의 천연자원이 연관산업과 연계되어 지속적으로 발전되려면 무엇보다 메콩강 유역의 천연자원에 대한 체계적인 조사 및 과학적인 탐사와 개발이 이루어져야 한다. 무엇보다 메콩강 유역 국가들이 자체적으로 천연자원을 조사하고 개발할 수 있는 역량을 갖추어야 한다.

메콩강 유역의 현실은 메콩강 유역국가 중에서 태국을 제외한 대부분의 국가들이 자본력과 기술력이 미흡하여 자체 조사와 개발이 용이하지 않다. 메콩강 유역 국가들이 자체 기술력과 자본력이 확보되기 전에 선택할 수 있는 대안들은 현재처럼 자체적으로 소규모로 개발하거나, 대규모 개발을 위해 역내국가끼리 공동조사와 개발을 하는 방법, 역외국가와 공동조사와 공동개발을 하는 방법이 있다.

특히 메콩강 유역 국가들이 자국내의 천연자원을 역외권과 공동조사와 공동개발을 추진할 때 선택할 수 있는 방법은 첫째, 특정 국가와 공동조사, 공동개발하는 방법, 둘째, 2개국 이상의 국가와 공동조사, 공동개발하는 방법, 셋째, 국제기구의 공동조사, 공동개발하는 방법, 넷째, 국제기구와 공동조사 및 국제기구 지원금 지원 등의 다양한 선택을 고려할 수 있다.

이처럼 메콩강 유역의 국가들이 천연자원을 조사하고 개발하는 방법은 다양하다. 중요한 것은 메콩강 유역의 국가들이 주체가 되어 자국의 상황에 가장 적합한 선택을 하여 개발이 목적이 아닌 발전이 목표가 되어야 한다.

제2장 메콩강 개발의 발자취

1. 메콩강 개발의 출발점

메콩강 유역 국가들은 제국주의시대에 태국을 제외하고는 서양의 식민지배를 받았는데 일반적으로 식민지배 이전에 메콩강은 본격적으로 개발되지 않았다.

메콩강 개발에 대한 첫발자국은 영국과 프랑스의 메콩강 유역 탐사에서 시작되었다. 영국과 프랑스는 각각 미얀마와 베트남을 식민지배하던 시기에 중국 서남부 지역과의 교류를 확대하기 위해 탐사를 하였다(정재완, 2002). 메콩강 개발에 대한 본격적인 논의는 세계 제2차대전 이후 1940년대와 1950년대 UN 산하의 국제기구 등을 중심으로 논의되었다(성진근, 2010).

2. 메콩강 개발의 복합적인 동기

메콩강 개발계획은 앞서 살펴 본 것처럼 제국주의 시대 서구열강의 메콩강을 통한 중국지역과 교류를 위한 탐사에서 시작하여 제2차대전 이후에는 메콩강 유역의 열악한 생활환경을 개선하기 위한 목적에서 추진되었다.

최근 들어서 메콩강 개발의 목적은 이 지역의 인도주의적인 빈곤퇴치뿐만 아니라 수자원 개발 등의 경제적인 목적에서도 다각적으로 접근되고 있다. 특히 메콩강 개발은 메콩강 유역 국가들의 경제적 요인뿐만 아니라 문화적, 정치적, 사회적 이슈와도 복잡하게 얽혀 있어 메콩강 개발은 경제적 요인뿐만 아니라 다각적인 동기에 의해 추진되고 있다(조흥국, 2002).

3. 분쟁과 메콩강 개발

메콩강 유역은 냉전시대 내전과 전쟁이 끊이지 않았던 지역으로 메콩강 개발에 대한 논의도 중단되는 시련을 겪었다. 이러한 점은 메콩강 개발은 경제적인 요인뿐만 아니라 정치적인 요인도 크게 작용하고 있음을 말해주고 있다. 본격적인 메콩강 개발은 메콩강 유역에서 전쟁과 내전이 종식된 후 추진되고 있다. 메콩강 개발은 캄보디아의 긴 내전이 종식된 파리평화협정이 체결된 1991년 이후부터 본격화되었다(KIEP, 2014).

제3장 메콩강 개발의 특징

1. 메콩강 유역 국가간 협력이 성공의 관건

메콩강은 중국, 라오스, 캄보디아, 미얀마, 베트남, 태국의 6개국을 흐르는 글로벌 강으로 메콩강의 개발에는 이들 6개국의 협력이 중요하다. 메콩강 유역 국가중에서 한 국가라도 메콩강의 개발에 반대하거나 개발에 대한 총론은 찬성하나 각론에서 이견이 좁혀지지 않을 경우 메콩강 개발은 좌초될 수도 있다.

그런데 메콩강 개발에대한 메콩강 유역의 입장 차이는 메콩강 상류부 국가와 메콩강 하류부 국간에 본질적으로 존재하고 있다. 메콩강 상류부 국가의 개발이 메콩강 하류부 국가에 피해를 줄 수 있다는 메콩강 하류부 국가의 입장과 이에 대한 메콩강 상류부 국가간의 입장이 클 경우 메콩강 개발은 난항을 겪을 수 있다. 따라서 메콩강 상류부 국가와 메콩강 하류부 국가간에 메콩강 개발에 대한 큰 그림에 대한 동의와 협력이 필요하다(ADB, 2016).

메콩강 유역 국가들간에는 메콩강 상류부 국가와 메콩강 하류부 국가간의 협력만이 필요한 것이 아니다. 메콩강 유역의 국가들은 정치, 경제, 사회에서 공통점도 있지만 본질적인 차이가 존재하고 있다.

경제규모와 경제발전 단계의 차이는 메콩강 개발의 참가 목적과 참여 정도에 큰 영향을 미치게 된다. 정치체계의 차이와 사회구조의 차이는 메콩강 개발에 대한 각국의 의사결정 시스템과 사회합의 과정에서 큰 차이를 보일 수 있다.

따라서 메콩강 개발의 성공스토리는 메콩강 유역 국가들이 갖고 있는 근본적인 차이를 어떻게 극복하고 상호간에 협력을 도출하느냐에 달려 있다.

2. 메콩강 유역 = 각국에서 낙후지역

경제적 낙후 → 지역 불균형 증가 → 국가통합 저해

메콩강 유역은 메콩강 국가들의 일부분이다. 각 국가에서 차지하는 비중은 다르지만 공통적인 점은 메콩강 유역은 메콩강 국가들의 지역에서 베트남을 제외하고는 다른 지역에 비해 경제적으로 낙후되어 있는 지역이라는 점이다.

이러한 지역 간 경제적 불균형은 국가통합의 걸림돌이 되고 냉전시기 내전과 전쟁으로 점철된 이 지역에 또 다시 정치적 불안과 사회적 불만을 가져올 수 있다. 따라서 메콩강 유역 국가들은 자국 내의 메콩강 유역 지역의 낙후된 경제 상황을 개선하여 국민통합을 이루려고 하고 있다.

이처럼 메콩강 유역 국가들은 자국의 메콩강 유역의 경제적 낙후에 따른 주민들의 생활여건의 저하를 메콩강 유역의 개발을 통해 향상시켜야 하는 공통분모를 갖고 있어 메콩강 개발에 대한 메콩강 유역 국가들의 공통분모는 형성되어 있다.

3. 메콩강 유역 = 수도권에서 소외된 지역

한국사회도 수도권에 경제력, 인구집중이 사회문제가 되고 있다. 이러한 수도권 집중현상은 국가균형발전의 걸림돌로 작용하고 있고, 국토의 효율적인 운영에도 악영향을 미치고 있다. 무엇보다 수도권과 비수도권으로 구분되는 사회적 불평등을 초래할 수 있고 상대적 박탈감을 유발하여 사회통합의 걸림돌로 작용할 수 있다.

메콩강 국가들도 정도의 차이는 있지만 수도권 집중화 현상이 있는데 메콩강 유역은 일반적으로 각국의 수도권에서 소외된 지역이다. 메콩강 국가들의 수도권 중심의 국내 경제정책이 단기간에 수정되기는 쉽지 않을 것으로 전망된다.

따라서 각국의 수도권 중심의 국내 경제정책으로는 수도권에서 소외된 메콩강 유역의 경제적 사회적 낙후성을 개선하기는 쉽지 않다. 그러나 메콩강 유역은 글로벌 투자자들의 투자를 유치할 수 있는 잠재력을 갖고 있어 이러한 수도권에서 소외성을 해결할 수 있는 장점을 갖고 있다.

4. 메콩강 유역은 수도권보다 인접국과 더 연계가 되어 있음

메콩강 국가들의 메콩강 유역은 이웃국가들과 국경을 이루는 경우가 많은데, 메콩강을 경계로 이루어지는 국경은 일반적으로 생각되는 경직된 국경의 이미지보다는 좀더 완화된 느낌으로 다가온다.

제국주의에 의한 동남아 국가들의 국경이 현재와 같이 획정되기 이전에 현재 동남아 국가들의 국경은 거주민들이 자유롭게 왕래할 수 있는 곳이었다. 이러한 자연스러운 왕래로 인해 인접국간의 왕래는 멀리 떨어져 있는 자국의 수도권 지역과 왕래보다 더 자주 일어나고 있다.

특히 메콩강 유역과 수도권과는 원거리임에도 불구하고 교통여건도 열악하여 메콩강 유역의 경제권은 자국의 수도권보다 국경 넘어 인접 지역간에 형성된 경우가 많다. 따라서 메콩강 개발은 이처럼 현실적으로 국경은 존재하지만 역사적으로 오랜기간 왕래를 하여 일상생활의 경제권이 형성되어 있는 메콩강 유역 지역간의 연계가 구축되어 있다(권기철, 2002).

5. 개발수요가 높은 지역

메콩강 유역이 개발수요가 높은 이유는 무엇인가?

앞서 설명했듯이 메콩강 유역은 면적이 한반도의 4배정도로 매우 광활한 지역이다. 이처럼 메콩강 유역은 광대한 지역이다. 그러나 메콩강 유역이 넓은 지역이다고 해서 개발수요가 높다고 할 수는 없다.

메콩강의 개발수요가 높은 이유는 개발할 자원이 풍부한데 개발되지 않고 있기 때문이다. 메콩강은 풍부한 유량의 수자원을 갖고 있어 수자원 개발수요가 매우 높다. 그러나 메콩강은 보유하고 있는 수력자원에 비해 현재 발전에 활용되고 있는 것은 1% 정도이다(정재완, 2002; 이선진, 2010).

6. 메콩강 유역 = 이머징 마켓

메콩강 유역은 전 세계적으로 주목받고 있는 이머징 마켓 중에 하나이다.

메콩강 유역이 이머징 마켓으로 관심받는 이유는 무엇인가?

무엇보다 성장잠재력이 높기 때문이다. 즉, 현재의 메콩강 유역의 모습보다는 미래의 모습이 더 매력적으로 다가오고 있기 때문이다. 메콩강 유역은 풍부한 천연자원이 상당부분 미개발 상태에 있는 천연자원의 개발 수요가 높은 시장이다. 그런데 메콩강 유역이 이머징 마켓으로 주목받는 이유가 천연자원이 풍부하기 때문만은 아니다.

메콩강 유역의 매력은 풍부한 천연자원을 토대로 저임금에 기반한 단순 생산 시장뿐만 아니라 교육에 대한 투자와 강한 열의로 숙련된 노동자들도 양성되고 있다는 점이다.

또한 총인구에서 젊은층이 차지하는 비중이 높아 지속적으로 노동가능 인구 비율이 높은 지역이다. 메콩강 유역은 소비시장으로서도 성장 가능성이 높은 시장이다. 메콩강 유역은 최근들어 경제성장이 지속되는 가운데 소득이 증가되고 있어 소비시장으로서도 주목받고 있다.

메콩강 유역의 국가들이 이머징 마켓으로서 급부상하고 있는 이유는 수 많은 가능성들이 모여 새로운 가능성을 창출하고 있기 때문이다. 메콩강 유역은 천연자원의 개발 가능성, 지속가능한 생산지역으로서의 가능성, 경제성장에 따른 소득 증가로 소비증가가 예상되는 소비시장으로서의 가능성이 높다.

7. 메콩강 유역에 외국인 투자가 필요한 이유

메콩강 유역은 앞서 설명했듯이 이머징 마켓으로 불릴 만큼 성장 잠재력이 높은 시장이다. 그러나 성장 잠재력이 현실로 실현되기 위해서는 투자와 개발이 병행되어야 하는데 메콩강 유역의 국가들은 태국을 제외하고 자체적으로 투자와 개발을 할 수 있는 자본력이 부족하다. 따라서 메콩강 유역의 개발을 위해서는 메콩강 역외권 국가들의 메콩강 유역에 대한 투자가 필요하다.

8. 메콩강 유역의 개방화와 외국인 투자 증가

냉전의 시대 메콩강 유역은 태국을 제외하고 서방세계와 관계가 단절된 상태로 은둔의 지역이었다. 메콩강 유역에 대한 외국인 투자의 증가는 메콩강 유역 국가들이 냉전시기에 닫아 두었던 빗장을 열면서부터 활성화되었다.

메콩강 유역 국가들의 과감한 개방정책은 메콩강 개발의 동인으로 작용하고 있다. 메콩강 유역이 갖고 있는 천연자원, 생산지역, 소비시장으로 성장가능성이 매우 높은 지역이지만 메콩강 유역 국가들이 냉전시대처럼 시장개방이 이루어지지 않았다면 메콩강 개발은 활성화되기 어려웠을 것이다.

9. 메콩강 개발은 초기단계

메콩강 개발에 대한 국내외 관심은 오랜기간 지속되었지만, 냉전시대 메콩강 유역 국가들간의 이데올로기 대립, 메콩강 유역 국가들의 정치적 혼란, 메콩강 유역 국가들의 경제적 낙후로 인한 메콩 유역 국가들의 자체 개발 능력이 부족하여 본격적인 메콩강 유역권의 개발은 아시아개발은행(ADB)에 의해 추진되어 왔으나 개발은 아직 초기 단계이다(이효찬, 2014).

10. 경제교류와 인적교류

메콩강 유역 국가들간의 경제교류가 1990년대 들어 본격적으로 확대되면서 메콩강 유역 주민들의 인적교류가 국경을 넘어 확대되고 있다. 메콩강 유역 국가간에 이루어지는 인적교류는 다양한 형태로 이루어지고 있다.

먼저 인적 교류기간도 메콩강 유역 국가간에 중장기적인 취업을 목적으로 하는 장기적인 인적교류에서부터 국경무역과 관광을 위한 단기적인 교류까지 다양하게 이루어지고 있다. 또한 메콩강 유역 주민들간의 인적교류는 국경을 합법적으로 통과하는 인적교류뿐만 아니라 불법적인 밀입국도 많아 메콩강 유역 국가에 경제문제, 사회문제를 유발하고 있다.

메콩강 유역에서 불법적인 밀입국은 다양한 문제를 유발하고 있지만 합법적인 인적교류는 국간에 상호보완적인 역할을 하여 메콩강 유역과 국경지역의 경제발전에 기여를 하고 있다.

11. 메콩강 개발 = 빈곤타파 + 삶의 터전 보호

메콩강 개발의 목적은 누구의 관점에서 보느냐에 따라 달라질 수 있다. 예를 들어 중앙정부, 지자체의 입장이 상이할 수 있다. 또한 국제기구와 외국인 투자자의 입장도 차이가 있을 수 있다.

메콩강 유역의 거주민의 입장에서 메콩강 유역의 개발은 매일 매일의 삶의 터전으로서 개발의 목적이 먼저 고려되어야 한다. 메콩강 유역의 거주민들은 메콩강 유역에서 조상대대로 살아온 삶의 터전이 개발로 인해 급격히 변모되는 것을 원치 않을 것이다.

메콩강 유역은 경제적으로 낙후된 지역으로 현재의 빈곤을 타파하려면 메콩강 유역을 개발을 해야 된다는 공감대는 형성되어 있다. 메콩강 유역 개발이 거주민의 입장에서 개발되려면 메콩강 거주민의 삶의 터전인 메콩강이 개발되면서 메콩강이 선물하였던 식수, 농업용수, 어업에 악영향을 미치지 않으면서 개발되는 다각적인 방안이 마련되어야 한다.

12. 메콩강 유역 개발 = 메콩강 유역 국가들 이해관계 + 외부 국가들 지원

메콩강 유역개발이 효율적이고 중장기적으로 중단없이 추진되려면 메콩강 개발에 대해 각자의 입장을 달리 갖고 있는 메콩강 유역 국가들의 이해관계가 조정이 되어야 한다. 강을 공유하는 국가들간에는 역사적으로 경쟁과 이를 둘러싼 갈등이 많았다.

메콩강 유역 국가들도 역사적으로 메콩강을 매개로 교류하고 소통하는 부분도 많았지만 경쟁과 갈등도 많았다. 특히 메콩강 유역 개발은 메콩강 유역의 특정국의 자국내 개발도 메콩강 유역의 다른 국가에 영향을 미치는 경우가 많아 메콩강 개발을 위해서는 메콩강 유역 국가들간의 상이한 이해관계가 조정이 되어야 한다.

메콩강 개발은 메콩강 유역 국가들간의 메콩강 개발을 둘러싼 이해관계가 조정된다고 해도 메콩강 개발을 본격적으로 추진할 메콩강 유역 국가들 자체의 자본력과 기술력이 부족하여 외부의 지원과 투자 없이는 개발이 용이하지 않다.

따라서 메콩강 개발은 메콩강 유역 국가들의 메콩강 개발을 둘러싼 이해관계의 조정을 통해 메콩강 개발에 대한 단기적, 중장기적 계획에 대한 합의가 이루어져야 한다. 이를 토대로 메콩강 개발에 대한 외부지원과 투자가 이루어져야 메콩강 개발이 중단없이 효율적으로 이루어질 수 있다.

13. 메콩 유역 개발의 선순환 발전

중국의 개혁개방에 따른 경제개발 정책은 점에서 선으로, 선에서 면으로 확대하는 경제정책을 추진하였다. 개방과 경제개발을 처음부터 모든 지역에서 실시하지 않고 처음에는 점처럼 작은 지역의 개방을 통한 개발을 하고 점처럼 작은 지역들의 개방과 개발을 한 후 이를 선으로 연결하여 결국에는 큰 면을 만드는 개방과 개발정책을 추진하였다.

메콩강 유역 개발도 점처럼 작은 메콩강 유역의 각나라의 작은 지역들을 개발하고 이를 선으로 연결하여 메콩강 유역 개발의 지역을 점진적으로 확대하여 결국에는 메콩강 유역 전체를 개발하는 선순환 개발전략을 추진하고 있다.

14. 메콩강 수자원 개발의 장점과 단점

메콩강 유역 개발에는 수자원 개발이 중요한 사업이다. 일반적으로 수자원 개발에서 댐건설은 장점과 단점을 동시에 수반하고 있다. 댐건설을 통해 수량이 충분하게 공급되면 농업이 활성화되고 전략생산량을 증가하여 생산비용을 줄여 공업발전에 기인할 수 있다. 또한 댐건설을 통해 강유역에서 발생하는 홍수를 조절할 수 있고 항해를 활성화 시킬 수 있다.

위에서 살펴 본 것처럼 댐건설은 많은 장점도 있지만, 환경파괴 등의 단점도 갖고 있다. 특히 메콩강처럼 하나의 강을 다국간에 공유하고 강의 상류부를 소수국가가 점유하는 가운데 강의 하류부에 다수국가가 입지하고 있는 경우 강의 상류부에 댐건설은 강의 하류부 국가들에 피해를 줄 수 있다(MRC, 2016).

예를 들어 메콩강의 하류부에 입지하고 있는 베트남의 경우 메콩강의 상류부에 있는 국가에서 댐을 건설하면 메콩강의 수량이 줄어들어 베트남의 곡창지대 중에 하나인 메콩델타지역에 수량이 줄어들어 해수가 유입되고 해안침식이 일어 날수 있다.

이처럼 메콩강은 6개국을 관통하는 글로벌하천으로 국가간의 이해관계가 첨예하게 대립되고 있는 곳이다. 무엇보다 메콩강 유역 국가들은 메콩강을 바라보는 관점이 서로 상이하다. 가장 큰 이유는 메콩강 6개국은 크게 메콩강 상류국가와 하류국가로 구분할 수 있는데 메콩강 상류국가와 메콩강 하류국가간에 메콩강의 보존과 개발에 대한 시각 차이가 매우 크다. 특히 메콩강 상류국가들의 대규모 댐건설이 메콩강 하류국가들의 반발을 크게 사고 있다.

15. 메콩강 개발 = 본류개발 실패 = 지류개발 집중

강의 개발은 강의 본류를 개발할 수도 있고 지류를 개발할 수도 있다. 메콩강 개발은 메콩위원회에서 추진한 시작단계에서는 메콩강 유역의 지역협력차원에서 본류를 개발할 계획이었다. 메콩강 본류를 개발하여 메콩강 유역 국가들이 공유하고 있는 수자원을 공동으로 개발하고 이를 통해 관개시설, 수자원 개발, 수산물 증가, 홍수조절 등과 같은 공동의 이익을 도출할 수 있는 강의 본류를 개발할 계획을 갖고 있었으나 개발이 중단되었다.

본류개발이 중단된 이유는 거시적인 본류개발은 실행에 앞서 대규모 자금이 필요한 자료수집과 이를 토대로 하는 타당성 조사 등이 필요하여 실행이 좌초되었고 개별 국가의 이익만을 추구하는 미시적 차원의 지류개발에 집중되었다(김홍구 · 박장식, 2002).

16. 메콩강 본류개발과 지류개발

메콩강은 6개국이 공유하는 글로벌 강으로 개발에 대한 6개국의 입장과 이해관계가 대립되는 경우가 있다. 메콩강의 본류 개발과 지류 개발에 대한 메콩강 유역국들의 입장이 맞서는 경우가 있다. 메콩강 본류의 개발과 관련된 메콩강 하류부 국가들의 입장은 메콩강 본류의 물은 메콩강 유역 모두의 공동자원이므로 메콩강 본류에서 수자원을 개발할 경우 메콩강 유역국가 모두와 논의하고 합의하는 절차가 필요하다는 입장이다(KIEP, 2016).

앞서 설명하였듯이 메콩강의 지류개발은 메콩강 유역의 개별국가들이 각국의 이익과 이해관계에 따라 추진하고 있는데 메콩강 지류의 개발은 메콩강 유역국가들의 합의가 필요 없이 메콩강의 지류가 포함되어 있는 개별국가의 자체적인 계획에 의해 추진될 사안이라는 입장을 갖고 있는 경우도 있고 메콩강 하류부 최남단 베트남처럼 메콩강의 지류의 개발도 메콩강의 본류의 수량과 수질에 직간접적인 영향을 줄 수 있기 때문에 메콩강 지류를 개발할 때는 메콩강 지류가 포함된 개별국가의 입장이 우선 고려되어야 하지만 메콩강 유역국가들의 양해가 필요하다는 입장이 맞서고 있다(김홍구 · 박장식, 2002).

17. 메콩강 지류중심의 개발의 문제점

메콩강 유역 개별국가들이 주도적으로 추진하고 있는 메콩강 지류개발은 메콩강을 공유하는 국가들간의 합의된 중장기적인 종합계획에 의해 추진되지 않고 개별국가의 이익과 국가차원의 계획에 의해 추진되어 메콩강 유역 국가들의 공동이익과 상반되는 결과를 초래할 수도 있다.

이러한 개별국가 중심의 메콩강 지류개발은 개발의 목적이 경제적 목적뿐만 아니라 정치적 목적으로 추진되는 경우도 있어 경제적 효율성이 저하될 수 있다. 경제적 효율성이 저하되는 정책이 추진될 경우 메콩강 개발이 메콩강 유역의 경제적 낙후성을 개선하는 토대로 작용하는데 한계로 작용할 수 있다.

메콩강 유역 국가들은 기본적으로 메콩강을 공유하고 있지만 각국이 메콩강에서 입지하고 있는 위치가 상류부와 하류부로 구분되어 메콩강 개발에 대한 각국의 입장과 이해관계가 상이하다.

또한 메콩강 유역의 국가들은 경제발전 단계가 상이한데 메콩강 지류 개발을 경제발전 단계가 다른 개별국가들이 단독으로 추진할 경우 각국의 경제개발단계에 치중한 개발이 되어 메콩강 유역의 개발을 통한 메콩강 유역 국가들의 공동이익의 창출이 약화될 수 있다. 또한 메콩강 개발을 통해 메콩강 유역 전체를 하나의 경제권으로 개발하려는 큰 그림이 작은 그림을 그리는 수준에서 머물 수 있다.

제6부
메콩강 유역의 사회문화

제1장 메콩강의 문화와 역사

1. 메콩강 문화 = 융합문화

> 메콩강 문화 = 동북아 문화 + 동남아 문화
> = 해양문화 + 대륙문화
> = 중국문화 + 인도문화 + 인도차이나반도 문화

메콩강은 대륙에서 발원하여 6개국을 거쳐 바다로 흘러가는 글로벌하천이다. 이처럼 메콩강은 태생적으로 대륙적 성향과 해양적 성향을 두루 갖고 있고 있는 글로벌하천이다. 또한 메콩강은 동북아 국가인 중국과 동남아 5개 국가를 흐르고 있어 동남아적인 색채와 동북아적인 색채가 다양한 컬러로 섞여 있다.

메콩강 유역은 인도차이나반도로 불려질 정도로 지정학적으로 인도와 중국의 중간에 위치하고 있다. 이러한 지정학적 입지로 인해 메콩강 유역은 역사적으로 중국, 인도와 끊임없이 교류하였고 최근들어 교류는 더욱 확대되고 있고 중국과 인도로부터 많은 영향을 받았다. 메콩강에는 다양한 문화가 유입되었고 이러한 외래문화는 인도차이나 반도의 토착문화에 융합되어 메콩강의 문화를 만들었다.

이처럼 메콩강의 문화는 동남아적이면서도 동북아적이고 대륙적이면서도 해양적이고 중국, 인도의 영향을 받았지만 메콩강의 풍토에 맞게 메콩강 특유의 문화를 꽃피웠다.

▶▶▷ Check Point | 메콩강의 쌀문화와 농경문화

메콩강 유역은 전통적인 농경문화권이다. 메콩강 유역이 동북아 농경문화와 다른 점은 2모작뿐만 아니라 3모작도 가능하다는 점이다. 쌀 문화권에서는 농사를 짓기 위해 인간과 물에 대한 필요성이 크고 이에 따라 소중함도 크다. 소중함이 큰 만큼 인간에 대한 배려와 물 절약에 대한 문화가 형성되어 있다.

2. 식민의 역사 = 개방정책에 영향을 미침

동남아 메콩강 유역 국가들은 제국주의 시대 태국을 제외하고 서구열강의 식민지배를 받았다. 특히 베트남, 라오스, 캄보디아는 모두 프랑스로부터 식민지배를 받았고, 미얀마는 영국으로부터 식민지배를 받았다.

동남아 메콩강 유역 국가중에서 태국만 유일하게 서구열강으로부터 식민지배를 받지 않았다. 메콩강 유역국들의 제국주의 시대 서구열강으로부터 식민지배는 독립이후 정치체계, 경제정책, 대외통상정책에 지대한 영향을 미쳤다.

특히 대외 개방정책에 많은 영향을 미쳤다. 식민지 경험이 없는 태국은 산업화시대 적극적인 외국인 투자 유치와 시장개방을 추진하였다. 이에비해 고통의 식민지 경험이 있는 다른 메콩강 유역 국가들은 정치적 혼란속에 시장개방과 외국인 투자 유치에 소극적인 정책을 추진하였다.

제2장 메콩강 유역의 정치체계와 경제

1. 메콩강 유역의 다양한 정치체계

다양한 정치체계는 다양한 의사결정구조를 가져오고 다양한 사회구조를 형성하게 한다. 특히 국가간의 협력과 갈등도 각 나라가 어떤 정치체계를 형성하고 있느냐에 따라 다양한 양상을 보이고 있다.

메콩강 유역 국가들의 정치체계는 사회주의국가도 있고, 자본주의국가도 있고 입헌주의 국가도 있다. 이처럼 다양한 정치체계는 메콩강 개발에 대한 각국의 경제정책의 방향, 대외통상정책의 관점과 협상방법에 지대한 영향을 미친다.

메콩강 개발은 경제적 접근뿐만 아니라, 정치적 접근이 매우 중요한 지역개발이다. 메콩강 유역 국가들의 정치체계가 유사하지 않고 다양성을 보이고 있는 것은 메콩강 개발에 있어 다국간의 협의와 협상과정도 용이하지 않음을 말해주고 있다.

2. 정치적 안정과 대외개방정책

태국을 제외한 동남아의 메콩강 유역국가들은 제국주의 시대 식민지배로부터 독립이후 사회적 정치적 혼란을 겪은 후 정치적 안정을 구축하면서 경제침체를 개선하기 위해 1980년대 후반부터 정치와 경제를 분리하여 시장경제체제를 도입하였다.

사회주의 노선의 메콩강 유역 국가들은 정경분리에 의해 경제영역에 과감한 시장경제체제를 도입하면서 냉전시기 대립구도에 있던 선발 아세안 국가들과의 관계를 개선하였고 미국과 유럽의 국가들과도 관계개선을 추진하여 수출증가와 외국인 투자의 증가를 가져와 경제성장을 견인하고 있다.

3. 역내 정치적 관계 개선과 역내 무역증가

현재 동티모르를 제외한 동남아 국가 10개국은 아세안으로 하나가 되었다. 그러나 냉전시대 태국, 싱가포르, 말레이시아, 브루나이, 인도네시아, 필리핀의 선발 아세안국가들은 메콩강 유역 국가들의 공산화 도미노 현상에 대응하기 위해 아세안의 결속을 강화하였다.

동남아에도 탈냉전의 해빙의 시대가 도래하고 메콩강 유역의 사회주의 노선의 국가들의 국내정치가 안정되고 이를 토대로 시장개방을 확대하고 기존에 대립관계에 있던 선발 아세안국가들과 정치적 관계가 개선되면서 경제관계도 개선되어 동남아 국가들과의 역내 무역이 증가되었다.

4. 역내 갈등관계의 변화

메콩강의 문화에는 역사적으로 되풀이된 갈등과 화해의 문화가 녹아들어 있다. 메콩강 유역 국가들의 관계는 역사적으로 내부 갈등뿐만 아니라 외부환경에 의한 갈등이 끊이지 않고 발생하였다.

특히 인도차이나 반도를 긴 전쟁의 터널에 머물게 하였던 베트남 전쟁 이후 1978~79년에는 인도차이나 전쟁이 발생하여 메콩강 하류부 국가들간에 갈등이 심화되었고 이러한 갈등현상은 80년대까지 메콩강 유역에서 지속되었다(김홍구 · 박장식, 2002).

특히 냉전시기에 베트남 주도로 결성된 인도차이나 3국 베트남, 캄보디아, 라오스간의 동맹은 메콩강의 강대국인 태국과의 갈등을 유발하였다. 라오스가 1975년 공산화된 이후 베트남의 주도로 인도차이나 3국의 동맹이 구축되었고 베트남은 인도차이나 연방을 꿈꾸고 구상하였다. 이러한 베트남 주도의 동맹은 태국과의 긴장을 고조시켜 메콩강 유역의 갈등을 증폭하였다(김태윤외, 2011).

메콩강 유역에서 이러한 대결구도는 탈냉전 이후 해소되었다. 인도차이나 반도에 구축되었던 공산권 동맹이 와해되었고 태국과 라오스의 관계가 개선되었다(심의섭, 1997). 이처럼 메콩강 유역권에서 발생되는 국가간의 갈등관계는 고정되어 있지 않고 늘 변화를 거듭하고 있다.

5. 메콩강 유역의 리더경쟁

세상 어느 지역에나 리더가 있다. 어느 시대에나 리더는 있다.

메콩강 유역에도 리더가 있고, 시대별로 리더가 되기 위한 경쟁도 치열하다.

메콩강 유역의 리더경쟁은 왕조시대에는 미얀마와 태국간에 장기간에 걸쳐 이루어졌다. 제국주의 시대 이후에는 태국과 베트남간에 치열하게 이루어지고 있다.

냉전시대에는 태국과 베트남간에 체제경쟁이 이루어졌고, 탈냉전 이후에는 경제적 경쟁이 가속화되고 있다. 현재 태국은 선발 아세안국가로 후발 아세안 국가인 베트남에 비해 경제규모나 경제단계가 앞서있다.

그러나 베트남이 도이머이 정책 이후 미국을 비롯한 서양국가들과 관계가 개선되면서 미국과 유럽 등으로 수출이 증가하고, 외국인 투자가 증가하면서 경제성장이 지속되고 있고 넥스트 차이나로 주목받고 있다.

6. 메콩강 유역의 양면성

메콩강 유역은 오래기간 내전과 전쟁으로 교류가 막혔다. 그러나 메콩강 유역 국가들은 하나의 강을 공유하고 있고 유사한 인종과 자연환경에서 오랜 기간 거주하면서 문화적으로 동질성이 강하여 내전과 전쟁으로 인한 단절을 극복할 수 있었다.

메콩강 유역은 메콩강 사람들의 교류를 가로막았던 전쟁터 이전에 장구한 세월 메콩강을 시장가는 길 삼아 교류하고 또 교류 하였다. 이처럼 메콩강 유역은 냉전시기 전쟁터였지만 그 이전에도 그 이후에도 메콩강 유역 사람들이 만나고 교류하는 사랑방 같은 지역시장이다.

7. 메콩강의 양면성

메콩강 유역은 육로로 지역간 왕래할 수 있는 인프라가 구축되어 있지 않아 메콩강 유역 주민들은 메콩강을 통해 메콩강 유역을 서로 방문하고 교류하는 경우가 다반사이다. 이러한 메콩강을 통한 메콩강 주민들의 메콩강 유역 왕래는 소규모의 단거리 이동은 가능하지만 대규모의 장거리 이동에는 부적합하다.

가장 큰 이유는 메콩강은 협곡과 폭포가 많아 대규모의 장거리 이동은 불가능하기 때문이다. 이처럼 메콩강은 메콩강 유역 사람들에게 단거리 이동과 교류의 기회도 주지만 장거리의 대규모 이동에는 문을 열어주고 있지 않다.

8. 메콩강은 국경으로 가는 길

태국과 라오스는 이웃국가인데 태국과 라오스의 국경은 상당부분은 메콩강으로 구성되어 있다. 태국과 라오스의 강위의 육지길은 1994년 개통된 농카이와 비엔티엔 간의 우정의 다리가 최초였다. 이처럼 메콩강 유역은 지역간의 이동이 대부분 메콩강을 통해서 이루어지고 있어 메콩강은 국경으로 가는 통로의 역할을 많이 하고 있다.

메콩강 유역의 라오스인들이 메콩강을 통해 태국에 입국하는 이유는 매우 다양하다. 메콩강 유역에 거주하는 라오스인들과 태국인들은 양지역에 일가친척이 거주하는 경우가 많아 일상적인 공휴일에 일가친척을 방문하기 위해 메콩강을 통해 국경을 넘는 경우도 많고 메콩강을 통해 매일 라오스에서 교육여건이 더 좋은 태국으로 등하교 하는 학생들과 라오스에 비해 의료기술이 앞선 태국의 병원 진료를 위해 방문하는 사람도 많다. 관혼상제가 발생하는 경우 국경을 넘는 경우도 많다.

이처럼 메콩강은 태국과 라오스인들의 일상에서 쉽게 국경으로 가는 통로의 역할을 해주고 있을 뿐만 아니라 라오스인들이 상대적으로 일자리가 많고 소득이 높은 태국으로 출퇴근하는 국경통로의 역할도 하고 있다.

태국은 메콩강 유역 국가중에서 경제발전 단계가 가장 앞선 국가로 라오스인들은 태국에서 일하는 경우가 많다. 메콩강 유역의 라오스인들은 메콩강을 통해 태국을 방문하여 일자리를 구하는 경우가 많은데 라오스인들이 태국에서 하는 일들은 매우 다양하다. 태국에서 계절적으로 일손이 부족한 경우 농업분야에서 임시직으로 일하는 경우도 있고, 공장 등에서 견습생의 신분으로 작업에 참여하는 경우도 많다(ADB, 2016).

특히 메콩강을 통해 일자리를 찾아 국경을 넘은 라오스인들 중에는 국경지역에서 일자리를 구하는 경우도 있지만 태국의 대도시로 일자리를 구하러 가는 사람들도 많다. 이처럼 태국과 라오스의 경우 메콩강을 통해 지역민들의 국경이동이 빈번하여 불법적인 입국도 발생하여 태국과 라오스간에는 불법 입국자의 송환업무를 관장하는 양국간의 조정위원회가 만들어져 있다(권기철, 2002).

9. 국경지역의 상호이익 비즈니스

메콩강 유역 국가들은 각국의 경제발전 단계와 경제성장 등의 차이뿐만 아니라 교육환경, 의료수준의 차이 등으로 인해 상대적으로 저개발, 저소득 국가의 주민들이 메콩강을 통해 경제수준과 사회 인프라가 양호한 메콩강 인접국을 단기 방문 또는 이주하는 경우가 많다.

이처럼 메콩강 유역에서 메콩강을 통한 잦은 방문과 이주는 방문국의 국경지역에는 긍정적인 영향도 미치고 부정적인 영향도 미친다. 무엇보다 방문과 이주가 불법으로 이루어지는 경우 국경지역에 다양한 사회문제를 유발할 수 있다.

또한 합법적인 방문과 이주라고 하더라도 방문자와 이주자의 취업과 병원 진료 등의 서비스 이용으로 인해 방문국의 일자리 감소와 병원 진료 등의 혼잡으로 인한 서비스 질의 저하가 발생할 수도 있다.

그러나 반대로 방문국의 부족한 일손과 3D 업종 기피 현상으로 인한 구인난을 메콩강 유역 인접국의 주민의 고용을 통해 해결하는 긍정적인 측면도 있다. 특히 메콩강을 통한 용이한 출입국으로 인해 국경무역이 활성화되고 국경도시의 국내시장도 인접국의 방문객들로 인해 상권이 확대되는 비즈니스 이익을 향유할 수 있다.

10. 메콩강 국경지대 무역 = 합법 + 불법 = 지역상거래

메콩강 유역의 국가간의 정치적 관계 개선과 시장개방 등으로 메콩강을 통한 인적교류가 확대되면서 메콩강 유역에서 국경무역이 확대되고 있다. 메콩강 국경무역의 가장 큰 특징은 국가적 차원의 무역이 아닌 메콩강 각지역의 수요와 공급에 의한 지역상거래 차원에서 이루어지는 경우가 많다는 점이다.

현실적으로 메콩강 유역의 각 나라에서 메콩강 지역은 수도권과 대도시에서 멀리 떨어져 있고 이들 지역과 메콩강 유역간의 교통인프라가 열악하여 메콩강 유역의 국경무역은 국가의 거시적 차원의 대규모 무역이 아니고 미시적 차원의 국제 상거래이다.

메콩강 유역의 국경무역은 정형화된 국제상관습에 의해 이루어지는 경우보다 오랜기간 이루어진 메콩강 지역의 상관습에 의해 이루어지는 경우가 많다. 또한 메콩강 유역의 국경무역은 정상적인 인허가 절차와 통관절차를 밟은 합법적인 무역뿐만 아니라 불법무역도 이루어지고 있다.

특히 메콩강 유역에서의 불법적인 국경무역은 메콩강 유역 국가들의 시장개방과 무역자유화가 미흡할 때 증가하였으나 메콩강 유역 국가들의 무역자유화가 확대되면서 메콩강 유역의 국경무역에서 불법무역은 감소하고 있다(김태윤 외, 2014).

11. 메콩강 유역의 국제적 인력이동 경로

메콩강 유역에서의 국가간의 일자리 구직을 위한 인력이동은 메콩강 유역에서만 끝나지 않고 다른 아세안 국가까지 확대되고 연장되는 경우도 있다. 예를 들어 미얀마에서 구직을 위해 태국으로 이주한 노동자가 태국을 거쳐 말레이시아, 싱가포르 등의 다른 아세안 국가로 이주하는 경우도 많다(권기철, 2002).

이처럼 메콩강 유역의 노동인력이 이웃 국가인 메콩강 유역의 국가들의 범위를 넘어 다른 아세안 국가로 재이주하는 가장 큰 이유는 메콩강 유역 국가들의 소득과 임금이 선발 아세안국가들과 차이가 크기 때문이다.

제7부
메콩강 유역의 경제

제1장 메콩강과 경제

1. 메콩강의 경제적 접근

메콩강은 어머니의 강으로 어머니가 탯줄을 통해 자신의 영양분을 어린 자식에게 공급하여 주듯이 메콩강은 메콩강이 갖고 있는 풍부한 자원을 메콩강 유역 사람들에게 공급하고 있다. 메콩강은 어족이 다양하고 풍부한데 이러한 생선들은 메콩강 유역 사람들에게 중요한 식량과 영양분으로 공급되고 있다.

메콩강 유역은 곡창지대로 2모작은 기본이고 3모작까지 가능한 지역으로 농업용수가 필요한 지역인데 메콩강은 메콩강 유역의 농업의 젖줄로 중요한 역할을 하고 있다. 또한 메콩강의 풍부한 유량은 수력발전의 원동력으로 이용되고 있다. 수력발전으로 생산된 전력은 자국내에서 일상생활과 산업현장에 공급될 뿐만 아니라 인근 국가에 수출되어 국가경제 발전에 큰 기여를 하고 있다.

메콩강은 중국과 동남아 5개국을 통과하는 글로벌하천으로 지역의 국제물류와 교역의 일부를 담당하고 있다. 특히 메콩강 유역은 국경무역이 활발한 지역으로 메콩강을 매개로 하여 국가간 물산이동과 무역이 이루어지고 있다.

2. 메콩강 경제권에 대한 이해

메콩강 경제권은 FTA 협정인가?

메콩강 경제권은 한·미 FTA 협정처럼 메콩강 6개국간에 공식적으로 자유무역협정을 체결한 경제블록인가?

정답은 NO이다

메콩강 경제권은 성장 가능성이 매우 높지만 역설적으로 낙후되어 있는 메콩강 유역을 개발하기 위해 메콩강 유역 국가들을 하나의 경제권으로 묶어 개발하는 사업이다.

메콩강 경제권은 자체 개발인가?

메콩강 경제권 계획은 메콩강 유역 국가들이 자체적으로 계획한 프로그램인가?

정답은 NO이다

메콩강 경제권 계획은 메콩강 유역 국가들이 적극적으로 계획을 수립한 사업이 아니고 외부의 국제기구 등이 개발 계획을 수립한 국제개발 프로그램이다.

메콩강 경제권 사업은 메콩강 유역 국가간 협력이 필요한 사업인가?

메콩강 경제권 사업은 낙후되어 있는 메콩강 유역을 개발하는 사업으로 메콩강 유역 개발이 차질 없이 이루어지려면 메콩강 유역 국가들간의 협력이 필요하다. 메콩강을 관통하는 6개국 중에서 어느 한 국가라도 메콩강 개발 사업에 비협조적이거나 갈등이 발생하면 메콩강 유역 개발은 효과적으로 실행될 수 없다. 따라서 메콩강을 공유하고 있는 6개국의 협력과 이해관계의 조정이 이루어져야 만이 중장기에 걸쳐 시행되고 있는 메콩강 개발사업을 원활하게 진행할 수 있다.

제2장 메콩강 경제권의 특징

1. 메콩강 유역 인구의 규모의 경제

한 나라의 인구가 많은 점은 단점도 갖고 있지만 경제적 관점에서 많은 장점도 갖고 있다. 중국과 인도의 경쟁력중에 하나는 대규모 인구이다. 메콩강 유역의 인구는 약 2억 3천만 명으로 단일 경제권으로서 생산뿐만 아니라 소비시장으로도 지속적인 성장을 할 수 있는 토대를 보유하고 있다(IMF, 2015). 메콩강 유역에서 경제적으로 가장 앞서 있는 태국뿐만 아니라 미얀마, 베트남도 거대 소비시장으로 발전할 수 있는 인구를 갖고 있다.

2. 도시지역의 인구증가가 미치는 영향

메콩강 유역의 산업화가 도시지역에 집중되면서 농촌에서 도시지역으로 이주가 증가되면서 소비시장과 관련이 깊은 도시지역에서 인구가 증가될 것으로 전망된다. 도시지역의 인구증가는 대도시를 중심으로 확대되는 상권형성과 유통산업의 발전에 기여를 하여 대규모 소비시장으로 발전하는 동인으로 작용할 수 있다(권기철, 2000).

3. 메콩강 유역의 인구구조와 임금구조

한 나라의 인구와 임금 구조는 경제에 지대한 영향을 미치는데 동남아 메콩강 유역 5개국의 경제활동 가능인구의 비중은 2000년에 약 70%에서 2010년 76%로 증가하였고 2020년에는 약 80%에 육박할 것으로 전망된다(IMF, 2012).

메콩강 유역의 임금도 경쟁국인 중국에 비해 경쟁력을 갖고 있는데 베트남의 최저임금은 중국의 3/1 정도이고, 캄보디아는 4/1 정도이고 이제 본격적인 개방을 시작한 미얀마의 최저임금은 중국의 7/1의 정도이다(이장훈, 2013).

이처럼 메콩강 유역의 인구구조와 임금구조는 메콩강 유역이 글로벌 생산기지로 성장할 수 있는 토대를 갖추고 있다. 메콩강 유역은 기본으로 인구 규모가 크고 증가세를 유지하고 있다. 인구구조에서 경제활동에 동참할 수 있는 경제활동인구의 비중도 다른 지역에 비해 매우 높은 수준인데 지속적으로 증가하고 있어 경쟁력이 지속되고 있다.

메콩강 유역의 국가들의 임금수준도 인접국이고 세계의 공장으로 불릴만큼 세계의 생산기지였던 중국에 비해 경쟁력을 갖고 있어 넥스트 차이나로 주목받고 있다.

4. 소비시장으로서 메콩강 유역

메콩강 유역은 저임금과 생산가능 인구의 증가 등으로 글로벌 생산기지로 다국적 기업들의 관심이 증대되고 있다. 이처럼 메콩강 유역의 기업환경이 양호한 가운데 메콩강 유역 국가들의 시장개방이 확대되면서 외국인 투자가 증가하고 있다.

메콩강 유역 국가들은 이처럼 경제여건이 호전되면서 경제성장세가 지속되고 있어 일인당 국민소득도 증가하고 있다. 메콩강 유역 국가들의 일인당 국민소득의 증가는 빈곤의 대명사가 되었던 메콩강 유역이 빈곤에서 벗어나고 있고 소비시장으로 변모되고 있음을 의미한다.

태국을 제외한 메콩강 유역 국가들의 일인당 국민소득은 선진국과 중진국의 관점에서 보면 아직도 낮은 수준으로 구매력은 매우 낮은 수준이다. 그러나 메콩강 유역 국가들에 대한 외국인투자, 수출 고용이 증가하는 가운데 경제성장이 지속되고 있어 일인당 국민소득이 견실하게 증가할 것으로 전망된다.

5. 메콩강 유역의 물물교환

메콩강 유역 국가들은 자국의 화폐를 갖고 있고 화폐경제가 정착되어 있다. 그러나 메콩강 유역의 오지와 산간벽지에서는 아직도 상거래의 매개가 화폐가 아닌 물물교환의 형태로 이루어지는 경우가 많다. 메콩강 유역에서 생산한 농산물, 임산물, 수산물이 그들이 정한 등가로 물물교환되어 일상을 영위하고 있다.

6. 경제발전의 성장통

태국을 제외한 메콩강 유역 국가들은 선발 아세안 국가들에 비해 경제개발이 매우 낙후되어 있다. 최근 들어 경제개발이 가속화되면서 도농간, 세대간, 계층간에 경제개발에 따른 크고 작은 갈등이 발생하고 있다.

개발과 발전은 현세대뿐만 아니라 미래세대에도 매우 중요한 사안이다. 경제개발을 향유하는 자와 소외된자간의 갈등이 개발지역과 미개발지역간의 갈등, 경제개발 옹호자와 환경보존 옹호자간의 갈등이 발생하고 있다. 메콩강 유역엔 경제개발에 따른 성장통을 겪고 있다.

7. 수력발전과 댐건설

메콩강 유역은 천연자원이 매우 풍부한 지역이다. 메콩강은 풍부한 수산물뿐만 아니라 풍부한 유량으로 수력발전의 토대를 제공해주고 있다. 수력발전은 메콩강 유역의 경제개발에 중요한 에너지원을 공급해주고 전력수출을 가능하게 하여 경제성장에 기여한다.

또한 전기공급이 원활하게 되고 있지 않은 낙후된 지역에 전력을 공급하여 삶의 질을 향상시키는 역할도 한다. 그러나 댐건설에 따른 환경파괴, 메콩강 상류지역과 하류지역간의 갈등이 상존하고 있다.

8. 메콩강 경제권의 경제적 낙후는 발전 가능성의 상징

동아시아에서 동남아는 동북아에 비해 경제적으로 낙후된 지역이다. 이러한 경제적 낙후성은 동남아내에서도 선발 아세안 6개 국가인 싱가포르, 말레이시아, 인도네시아, 브루나이, 필리핀, 태국과 후발 아세안 국가인 베트남, 라오스, 미얀마, 캄보디아간에도 큰 차이가 발생하고 있다.

경제적으로 낙후된 후발 아세안국가는 태국을 제외하면 모두 메콩강 경제권에 속한 국가들이다. 그런데 경제적으로 낙후되었다는 점은 상대적으로 발전 가능성이 더 높다는 점을 의미한다.

특히 그동안 메콩강 경제권의 경제발전을 좌초시켰던 정치적 혼란, 이데올로기 갈등이 역사의 뒤안길로 사라지면서 경제발전이 가장 중요한 국가정책의 현안이 되고 있어 경제개발이 탄력을 받고 있다.

9. 메콩강 경제권은 중국과 인도의 징검다리

메콩강 경제권은 중국의 윈난성을 제외하면 인도차이나 반도에 속한 국가들로 구성되어 있다. 인도차이나 반도는 명칭에서 내포하고 있듯이 중국과 인도 사이의 반도를 의미한다. 메콩강 경제권은 중국과 인도와 지리적으로 연계되었을 뿐만 아니라 역사적, 문화적, 경제적으로도 밀접한 관계를 맺고 있다.

메콩강 경제권 국가들은 역사적으로 오랜기간 동안 지속적인 관계를 맺으면서 문화적으로 많은 영향을 받았다. 경제적으로도 메콩강 경제권의 국가들의 경제권은 대부분 화교들에 의해 장악되어 있다.

중국과 인도는 친디아로 묶여 불릴 정도로 양국의 경제성장은 많은 점에서 닮아 있고 세계경제에서 차지하는 비중이 커지고 있다. 메콩강 경제권은 지경학적으로 세계경제에서 가장 주목받고 있는 중국과 인도의 중간에 입지하고 있어 중국과 인도와의 경제협력으로 동반성장 할 수 있는 가능성이 크다. 메콩강 경제권은 이러한 전략적 입지를 극대화할 수 있는 방안을 다각적으로 모색하고 있다.

10. 메콩강 경제권의 낙후된 금융산업

메콩강 유역 국가들은 중국의 윈난성과 선발 아세안국가 중에 한 국가인 태국과 후발 아세안국가들인 베트남, 라오스, 캄보디아, 미얀마로 구성되어 있는데 선발 아세안국가인 태국과 후발 아세안국가들과 경제력 격차가 크다.

경제적 관점에서 선발 아세안국가인 태국과 후발 아세안국가들의 차이는 제조업 분야에서 본질적으로 차이를 보이고 있을 뿐만 아니라 금융업 분야에서는 더 큰 차이를 보이고 있다.

메콩강 유역에서 후발 아세안국가들의 개혁개방과 외국인 투자 유치 증가 등으로 인해 제조업분야에서 선발 아세안국가와 후발 아세안국가간의 간격은 점진적으로 좁아지고 있다. 특히 도이머이 정책 이후 베트남과 미국을 비롯한 유럽국가들의 관계 개선 등으로 베트남에 대한 외국인 투자의 급증 등으로 베트남의 제조업의 발전이 거듭되고 있다. 미얀마, 라오스, 캄보디아도 수입대체산업을 중심으로 제조업에 대한 투자 증가와 발전이 이루어지고 있다.

그런데 금융분야에서 선발 아세안국가와 후발 아세안국가간의 금융인프라의 차이는 매우 크고 경제개발 초기단계에 있는 후발 아세안국가들이 금융인프라에 대한 대규모 투자와 이를 토대로하는 금융산업의 비약적인 발전이 단기간에 이루어지기 쉽지 않을 것으로 전망된다.

선발 아세안국가인 태국이 메콩강 유역 국가중에서 금융산업이 가장 발달되어 있지만 태국의 금융산업의 인프라는 미국과 유럽의 금융선진국뿐만 아니라 동남아 국가인 싱가포르에 비해서도 뒤쳐져 있다. 따라서 메콩강 유역 국가들이 낙후된 금융산업의 금융인프라에 투자는 증가될 것으로 전망된다.

한 나라 경제에서 금융산업은 우리 인간의 몸에서 혈관과 같은 중요한 역할을 하고 있다. 우리 인간의 몸이 건강하려면 우리 몸의 구석구석에 혈관을 통해 혈액이 영양분을 공급해야 한다. 그런데 혈관이 막혀 혈액이 순환되지 않으면 영양분이 공급되지 않아 건강을 해치고 활기찬 활동을 할 수 없게 된다.

한 나라 경제도 발전하려면 금융을 통해 경제의 각 부분에 자금을 원활히 공급해 주어야 한다. 한 나라경제에서 금융이 제역할을 하지 못하여 각 산업에 필요한 자금이 시의적절하게 공급되지 않거나 자금 공급이 중단되면 각 산업의 발전은 큰 곤란을 겪게되어 경제발전에 악영향을 미치게 된다.

앞서 살펴본 것처럼 메콩강 유역 국가들의 금융인프라는 메콩강 유역 국가들간에도 선발 아세안국가인 태국과 후발 아세안국가들간의 차이도 크지만 역외 국가들간의 간격도 매우 크다. 태국을 제외한 메콩강 유역 국가들은 현재 저임금에 의한 노동집약적 산업을 중심으로 경제성장을 지속하고 있다.

메콩강 유역에서 이러한 경공업 중심의 경제성장이 지속되고 산업이 고도화되어 부가가치가 더 높은 중화학공업으로 발전하려면 제조업뿐만 아니라 금융산업의 경쟁력도 향상되어야 한다.

메콩강 유역의 금융산업이 경쟁력을 갖추려면 금융산업이 활성화되어야 하는데 메콩강 유역 국가들의 금융소비자들의 금융서비스 이용도는 낮은 수준에 머물고 있다. 특히 기업 금융소비자들의 금융서비스 이용도뿐만 아니라 가계와 개인의 금융소비자들의 금융서비스 이용도가 매우 낮은 수준이다.

이는 메콩강 유역의 금융산업의 대중화 수준이 낮은 것을 의미하고 저소득층과 영세기업들이 금융기관을 이용할 수 있는 문턱이 높다는 것을 의미한다. 메콩강 유역의 저개발 국가의 저소득층은 금융기관을 통한 예금과 대출 등의 금융서비스를 이용하는 것이 용이하지 않은 경우가 많다.

태국을 제외한 메콩강 유역 국가들의 경제여건상 단기간에 대기업이 육성되기는 힘들다. 따라서 메콩강 유역에서는 벤처기업 등의 육성이 필요하다. 일반적으로 벤처기업은 기본적으로 창의적인 기술력은 있으나 자본이 부족한 경우가 많아 금융기관 등으로부터 벤처기업의 기술력을 담보로 엔젤투자가 이루어져야 한다.

메콩강 유역의 국가들의 금융산업은 전반적으로 활성화되어 있지 않아 벤처기업의 성장과 성공을 위해 반드시 필요한 벤처케피털과 같은 전문적인 금융서비스가 효율적으로 제공되고 있지 않다.

이처럼 금융산업의 경쟁력은 금융산업뿐만 아니라 제조업의 발전 등 사회전반적으로 지대한 영향을 미친다. 메콩강 유역의 경제발전은 농업중심의 산업구조를 탈피하여 부가가치가 높은 산업고도화가 이루어져야 한다. 메콩강 유역은 외국인 투자유치와 국내 제조업의 육성을 통해 산업고도화가 필요하고 이를 위해서는 금융산업이 발전되어 연관산업을 견인하는 선순환 구조가 정립되어야 한다.

11. 메콩강 유역 개발에 대한 동상이몽

메콩강 유역 개발에 대한 참여 국가들의 참여도는 차이가 존재한다. 메콩강 유역 개발은 메콩강 유역 국가들의 공존공영을 위한 거시적인 목표도 있지만 개별 국가들의 국익추구라는 미시적인 목표도 엄연히 존재하고 있다.

국익추구에는 개별국가의 경제상황뿐만 아니라 정치적 요소도 고려되고 있다. 메콩강 유역 개발에 참여하는 국가중에서 베트남과 미얀마는 상대적으로 메콩강 유역의 다른 국가들에 비해 참여도가 낮다는 평가를 받고 있다.

베트남과 미얀마는 메콩강 유역 개발을 통한 유무상 원조와 투자 이외에도 원조와 투자가 증가하고 있기 때문이다. 베트남은 넥스트 차이나로 세계의 주목을 받으면서 해외로부터 유무상 원조와 투자가 증가하고 있다(박성현, 2006). 최근 들어 본격적인 개방을 시작한 미얀마도 동남아의 블루오션으로 인식되면서 투자가 증가하고 있다.

메콩강 유역 개발에 따라 유역 국가간의 연결이 강화될 경우 경제교류와 인적교류를 통한 지역경제 활성화와 국경무역의 증가 등의 긍정적인 효과도 있지만 경제적으로 앞선 국가에 의해 시장이 선점되고 경제적으로 뒤쳐진 국가의 산업이 발전할 수 있는 기회를 상실할 수 있다는 우려의 시각도 있다(KIEP, 2015).

제8부
메콩강 유역 개발과 국제기구

제1장 MRC와 GMS

1. 메콩위원회(MC: Mekong Committee)

메콩강 유역의 개발계획은 메콩강 유역 거주민들의 열악한 일상의 생활환경을 개선하기 위한 목적에서 다양하게 논의되었고, 메콩강 유역에 처음으로 메콩강 유역을 개발하기 위한 협의체로서 메콩 위원회가 만들어지면서 싹트기 시작하였다(조흥국, 2002).

메콩강 유역에는 1957년부터 1964년까지 메콩강의 수자원 개발과 수자원 관리를 위해 지역협력이 움트기 시작했는데 그 중심에 메콩위원회(MC: Mekong Committee)가 있다. 메콩위원회는 UN의 아시아 극동경제위원회(ECAFE)의 후원과 주도아래 1957년 메콩강 하류 지역의 4개 국가인 베트남, 라오스, 태국, 캄보디아간에 체결한 메콩강 유역의 지역협력체이다(MRC, 2016).

ECAFE는 메콩강 하류 유역국가들의 중간에서 이견을 줄이고 협력을 이끌어 내는 역할을 하였다. 메콩위원회가 다양한 메콩강 유역개발계획을 추진한 이후 메콩강 유역에서는 지역 협력관계가 증진되었지만 메콩강 유역 국가들간의 갈등은 지속되었다. 메콩위원회는 1975년에 메콩강 유역 국가들의 공산화 도미노 현상으로 크게 위축되었고 1978년 베트남의 캄보디아 침공으로 메콩강 유역에서의 활동이 중단되었다(김홍구 · 박장식, 2000).

메콩위원회는 메콩강 유역의 홍수조절과 다양한 수자원 개발을 위해 메콩강 하류에 다목적 댐과 수로를 개발하면 메콩강 유역에서 자주 발생하는 홍수의 피해를 경감할 수 있고 수로가 관개농업에 도움이 되게 수정되어 농업생산을 증대할 수 있다고 보았다. 또한 수력발전을 통해 전력생산도 할 수 있다고 전망하였다(정재완, 2002). 이처럼 메콩위원회(MC)는 설립 이후 1960년대 중반까지 메콩강의 수자원 관리에 대한 다양한 연구와 프로젝트를 제시하였다(김태윤 외, 2011).

2. 메콩강위원회(MRC: Mekong River Commission)

1) 메콩강 위원회 = 메콩위원회 + 임시메콩위원회 + 메콩사무국 = 국제기구

메콩위원회(MC)는 1978년 베트남의 캄보디아 침공 이후 캄보디아의 불참으로 중단되었다가 베트남이 캄보디아에서 철군한 1991년에 캄보디아가 재가입을 신청하여 메콩강 위원회(MRC: Mekong River Commission)으로 재탄생하였다.

1978년에 캄보디아가 메콩위원회(MC)를 탈퇴한 이후에 메콩위원회(MC)에 남은 태국, 라오스, 베트남 3개국만으로 메콩 임시위원회가 설립되었으나 메콩강 유역 지역차원의 개발 계획은 추진되지 않고 개별 국가 차원의 개발계획만 추진되었다(MRC, 2016).

메콩강 위원회(MRC)는 1995년 기존의 메콩위원회(MC)의 회원인 메콩강 유역 4개국인 태국 라오스, 베트남, 캄보디아의 4개국 대표가 기구의 설립에 동의하고 메콩강 유역의 지속가능한 개발을 위한 협정문(The Agreement on cooperation for the Sustainable Development of the Mekong River Basin)에 합의함으로써 출범하게 되었다(김홍구 · 박장식, 2002).

메콩강 위원회(MRC)는 1957년 UN이 설립한 메콩위원회(MC: Mekong Committe)와 메콩위원회가 중단된 이후 운영되었던 임시메콩위원회(Interim Mekong Committee), 메콩사무국(Mekong Secretariat)이 합쳐진 메콩강 유역의 가장 역사가 장구한 정부간 (inter-governmental agency) 국제기구이다. 메콩강 위원회는 본부는 라오스의 수도 비엔티엔에 있다(심의섭, 1997).

2) 메콩강 위원회의 목표 = 수자원 관리 + 지속가능한 개발

메콩강 위원회는 메콩강 유역의 수자원 관리와 메콩강 유역의 지속가능한 개발과 이를 위한 환경 보호와 수자원 이용의 효율화를 도모하는 것을 목표로 하고 있다(류석춘외, 2012).

메콩강 위원회는 보존과 경제발전의 양립에 대해 고민하고 있다. 메콩강 위원회는 메콩강 유역의 개발에 따른 환경훼손과 이에 따른 환경보호와 메콩강 유역의 낙후된 경제문제를 함께 해결하여 메콩강 유역 국가들의 공동이익을 추구하고 있다. 이를 위해 메콩강 위원회는 외부의 지원에 의한 메콩강 유역의 개발 타당성 조사와 메콩강 유역의 다양한 개발 프로젝트를 추진하고 있다(김홍구 · 박장식, 2000).

3) 메콩강 위원회의 주요사업

메콩강 위원회는 메콩강 유역의 다양한 사업을 계획하고 추진하고 있는데 가장 핵심적인 사업은 메콩강의 수자원 개발과 수자원 관리이다. 특히 개발뿐만 아니라 지속가능한 개발을 위한 환경보호에 대한 계획이 중요하다.

메콩강 위원회의 주요 사업은 메콩강의 본류개발사업과 메콩강의 지류개발 사업으로 양분되어 있는데 구체적으로 살펴보면 다음과 같다. 메콩강 유역의 중장기적인 개발계획, 체계적인 가뭄관리와 홍수관리, 어업 프로그램, 기후변화 대비 계획과 프로그램, 지속가능한 수력발전 개발, 통합수자원 관리시스템, 환경관리시스템, 내륙수운과 항해시스템 개발 등이다(KOTRA, 2012; 박재현, 2013).

〈표〉 MRC 프로그램 및 주요 내용(2011~2015)

프로그램명	주요내용
농업 및 관개시설	농업에 필요한 관개시설 건설, 농업용수 효율적 이용, 농업생산에 대한 기후변화의 영향 축소, 식량안보 확보
메콩강 유역 개발계획	수자원 및 관련 자원의 효율적 개발
기후변화 및 적응 이니셔티브	메콩강 하류 유역의 기후변화 대응방안
가뭄관리	메콩강 하류 유역의 가뭄의 예측과 대응방안
환경보호	메콩강 유역의 환경정보 구축과 공유
홍수관리	메콩강 유역 홍수관련 정보망 구축
어업관리	양식업 연구와 지원, 어업관리인 교육
통합 역량배양	지속가능한 통합수자원관리의 역량 배양
정보관리	메콩강 유역 수자원 정보관리
지속가능한 수력개발 이니셔티브	메콩강의 수력발전소 건설에 있어 MRC 및 메콩강 회원국간규제 체계 구축
통합 수자원관리	메콩강 유역국과 MRC간 수자원관리 협력시스템구축
항해관리	메콩강의 항해관련 조사
경계지류관리	메콩강 상류의 관리

자료: MRC, KIEP, 이재호외(2012)

▶▶▷ Check Point | 메콩위원회와 메콩강위원회의 차이점

메콩강위원회는 메콩위원회를 토대로 설립된 메콩강 유역 개발기구이지만 양기구는 개발의 방법과 목적에 있어 차이점이 있다. 기존의 메콩위원회는 메콩강 유역 개발에 대한 대규모 프로젝트를 계획하고 있었으나, 메콩강위원회는 개발보다는 지속가능한 개발과 수자원의 관리에 더 큰 목적을 두고 있다(KOTRA, 2016).

▶▶▷ Check Point | 메콩강 위원회의 자금지원

메콩강 위원회(MRC)는 메콩강 유역 개발과 조사를 위한 다양한 프로젝트를 수행하고 있다. 이러한 프로젝트를 수행하는 데는 막대한 자금이 소요된다. 프로젝트의 수행에 소요되는 자금은 메콩강 위원회의 회원국인 태국, 베트남, 미얀마, 캄보디아뿐만 아니라 북미의 미국, 유럽 국가들, 동아시아의 한국, 일본, 오세아니아의 호주 등의 개별 국가들과 UNDP, ADB 등의 국제기구 등이 자금을 지원하고 있다(MRC, 2016).

▶▶▷ Check Point | 메콩강 위원회의 자금운용의 문제점

메콩강 위원회의 자금지원은 앞서 살펴 본 것처럼 메콩강 위원회의 자금 지원뿐만 아니라 외부 국가들, 국제기구 등의 지원도 있는데 자금 지원에 있어 메콩강 위원회의 지원 금액이 메콩강 위원회의 총지원금의 약 10%밖에 안되어 메콩강 유역 국가들의 재정자립도가 매우 낮다. 이처럼 메콩강 위원회에서 메콩강 유역 국가들의 재정자립도가 낮은 것은 메콩강 유역 국가들의 독자적인 계획과 이해관계에 기반한 공동이익을 추진하는데 한계에 부딪칠 수 있다(김태윤외, 2011).

▶▶▷ Check Point | 메콩강 유역국은 모두 메콩강 위원회 회원국인가

메콩강 위원회는 메콩강 유역국가중에서 베트남, 캄보디아, 태국, 라오스만이 회원국이다. 메콩강 유역의 상류국가인 중국과 미얀마는 메콩강 위원회의 회원이 아니고 대화상대국으로만 메콩강 위원회에 간접적으로 참여하고 있다(류석춘외, 2012).

이처럼 메콩강 위원회는 메콩강 하류국가만 참여하고 있고 메콩강 상류국가인 중국과 미얀마는 참여하지 않고 있다(박재현, 2013).

〈그림〉 MRC의 의사결정 구조

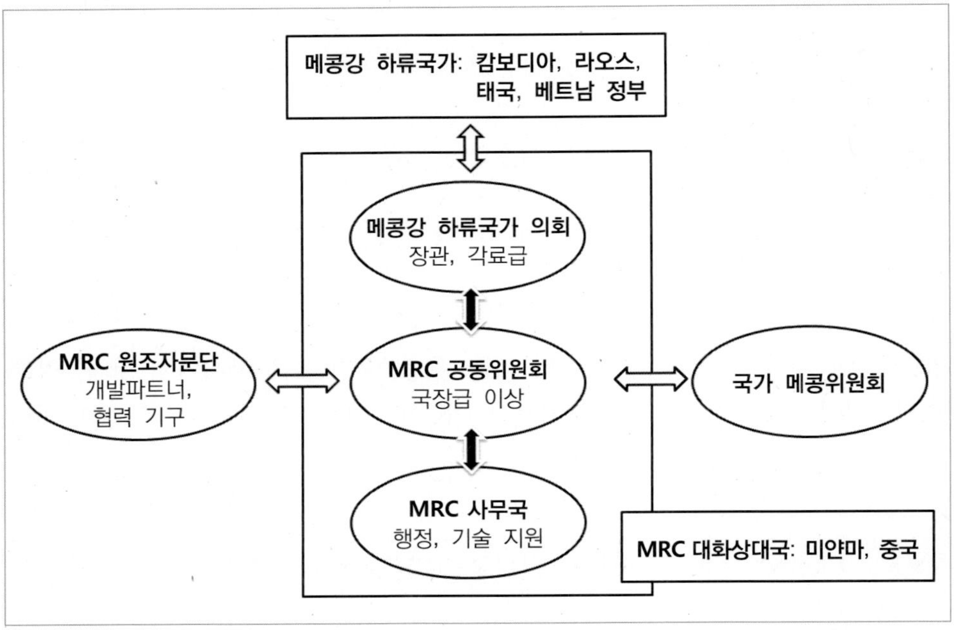

자료: MRC, 김태윤외(2014)

▶▶▷ Check Point | 중국이 메콩강 위원회에 가입하지 않는 이유

중국이 메콩강 위원회에 직접 참여 하지 않은 이유는 메콩강 상류국가로서 중국은 자국에 포함된 메콩강의 수자원 개발에 메콩강 유역 국가들과 협력이 크게 필요하지 않기 때문이다.

중국은 자국내 메콩강 개발을 하는데 필요한 기술력과 자금을 충분히 갖고 있어 메콩강 위원회에 가입하지 않고 있다. 특히 메콩강 위원회에 가입할 경우 중국내의 다양한 메콩강 개발사업을 추진할 때 메콩강 위원회의 회원으로서 원칙적으로 메콩강 위원회의 개발 지침을 지켜야 되고 메콩강을 공유하는 메콩강 위원회의 멤버국가들의 개발에 대한 직간접인 의견을 수용해야 될 가능성이 있다. 이러한 메콩강 개발에 대한 다양한 이유로 인해 중국은 메콩강 위원회에 가입하지 않고 있다(KOTRA, 2016).

중국이 메콩강 위원회에 가입하지 않아 메콩강 위원회를 통한 메콩강의 수자원 개발은 다양한 측면에서 한계에 부딪치고 있다. 메콩강 상류국가의 메콩강 개발은 메콩강 하류국가들에게 직간접적인 영향을 미치는데 중국이 메콩강 위원회에 가입하지 않고 있어 메콩강 상류국가와 메콩강 하류국가간의 메콩강 수자원 개발을 둘러싼 이견과 갈등이 발생하였을 때 메콩강 위원회를 통해 의견조율을 할 수 없다.

메콩강 위원회가 메콩강의 수자원개발과 환경보호를 체계적으로 계획하고 실행하려면 메콩강 위원회 회원인 메콩강 하류국가들의 메콩강에대한 정보뿐만 아니라, 메콩강 전체에 대한 정보를 공유해야 되는데 중국이 메콩강 위원회에 가입하지 않고 있어 메콩강의 제한적인 정보에 의존하여 메콩강의 수자원 개발과 환경보호 계획을 추진하는 한계를 갖고 있다.

중국이 메콩강 위원회의 회원인 경우에는 메콩강 위원회의 회원으로서 메콩강 위원회의 메콩강 개발에 대한 합의된 개발지침의 범위내에서 메콩강 개발을 추진하기 때문에 메콩강 수자원 개발을 둘러싼 갈등을 사전에 줄일 수 있다(김태윤외, 2011).

3. GMS

1) GMS = 대메콩소지역(Greater Mekong Subregion)

최근들어 메콩강 유역을 하나의 경제권으로 묶어 부르는 용어 중에 하나가 GMS(Greater Mekong Subregion이다. GMS는 대메콩소지역, 확대메콩유역, 대메콩강경제권으로 지칭된다.

GMS는 메콩강 유역의 개발에 참가하고 있는 국제기구중에 하나인 아시아개발은행(ADB: Asian Development Bank)이 메콩강 유역의 중국, 베트남, 캄보디아, 라오스, 미얀마, 태국의 6개국을 성장의 6각지대(Growth Hexagon)로 규정하고 GMS라고 지칭하였다(심의섭, 1997).

2) GMS = 메콩강 유역의 본격적인 개발

ADB는 메콩강 유역의 성장잠재력을 높이 평가하고 1992년 메콩강 유역을

GMS로 명명하고 메콩강 유역의 발전을 위한 지원과 체계적인 개발계획을 추진하였다(김홍구 · 박장식, 2000).

메콩강 유역은 ADB의 평가처럼 성장 잠재력이 매우 높은 지역임에도 불구하고 개별 국가들의 경제력이 메콩강 유역의 개발에 소요되는 대규모 자본을 지원할 수 없는 여건으로 인해 메콩강 유역의 개발이 본격적으로 추진되지 못하였다.

특히 대규모 자본의 투입이 요구되는 사회간접자본의 개발이 미진하였다. GMS는 이처럼 개발 수요는 있으나 자금부족으로 난항을 겪고 있는 메콩강 유역의 사회간접자본의 개발을 위해 추진하고 있는 개발사업이다. 메콩강 유역의 본격적인 개발은 1992년 ADB의 주도로 GMS 프로그램을 추진하면서 활성화되기 시작하였다(이준표, 2012).

〈표〉 GMS 프로그램 부분별 프로젝트

(단위: 건, 억 달러)

부문별	프로젝트 수	추정공사금액		비고
		최저액	최고액	
운송 프로젝트	34	118.57	153.73	4
도로	9	19.75	25.86	1
철도	8	43.95	58.00	
수상	10	8.72	11.72	1
항공	6	46.15	58.15	1
운송 관련 기타	1	-	-	1
에너지 프로젝트	12	13.76	13.76	7
통신 프로젝트	18	1.49	1.49	6
환경 프로젝트	11	-	-	11
인력개발	11	-	-	11
무역과 투자 프로젝트	8	-	-	8
관광 프로젝트	5	-	-	5

자료: ADB, 정재완외(2003)

3) GMS의 구상 전개과정

메콩강 유역을 하나의 경제권으로 묶어 개발하자는 GMS의 구상은 태국이

1988년에 최초로 주장하였다. 태국의 구상은 메콩강의 유역의 중국 윈난성, 미얀마, 태국 · 라오스를 하나의 경제권으로 묶자는 구상이었다. 이러한 태국의 메콩강 경제권에 대한 구상은 ADB에 의해 확대되어 ADB는 기존의 태국이 구상하였던 4개국의 경제권에 베트남과 캄보디아를 포함하여 메콩강 유역 6개국 각료회의가 1992년에 처음으로 개최되었고 현재의 GMS를 구축하였다(김영철, 2009).

4) ADB와 GMS의 관계

ADB = GMS에 대한 재정지원 + 기술지원

ADB는 메콩강 유역의 개발을 위하여 구성된 메콩강 유역국가와 국제기구간의 협의체중에 하나로 ADB는 메콩강 유역의 운송망을 구축하는 프로젝트를 주로 수행하는 GMS 프로그램(Greater Mekong Subregion Economic Cooperation Program)을 메콩강 유역국가들의 다양한 의견을 수렴하고 조정하는 GMS의 사무국 역할을 하면서 주도적으로 추진하고 있다(김태윤외, 2011).

ADB는 메콩강 유역 국가들의 GMS 사업에 차관을 제공하는 등 재정적으로 지원할뿐만 아니라 기술자들을 직접 메콩강 유역 국가들에 파견하여 기술적 지원도 해주고 있다. 또한 공적개발 원조를 공여하고 있는 G7, OECD 회원국 등의 선진국들에게 메콩강 유역 개발에 공적개발 원조를 유도하고 있다(김홍구 · 박장식, 2000).

〈표〉 GMS 국가별 지원 현황(1992~2010)

(단위: 건, 백만 달러)

	차관 및 증여	총사업비	ADB	정부	협조융자
캄보디아	12	566.52	330.16	105.41	130.95
라오스	14	2,172.98	394.90	123.20	1,654.88
중국	11	7,910.53	2,132.00	3,277.98	2,500.55
태국	1	179.40	77.10	102.30	0
베트남	17	3,021.18	2,053.50	702.61	265.07

자료: ADB, 최필수외(2013)

〈그림〉 GMS 운영메커니즘

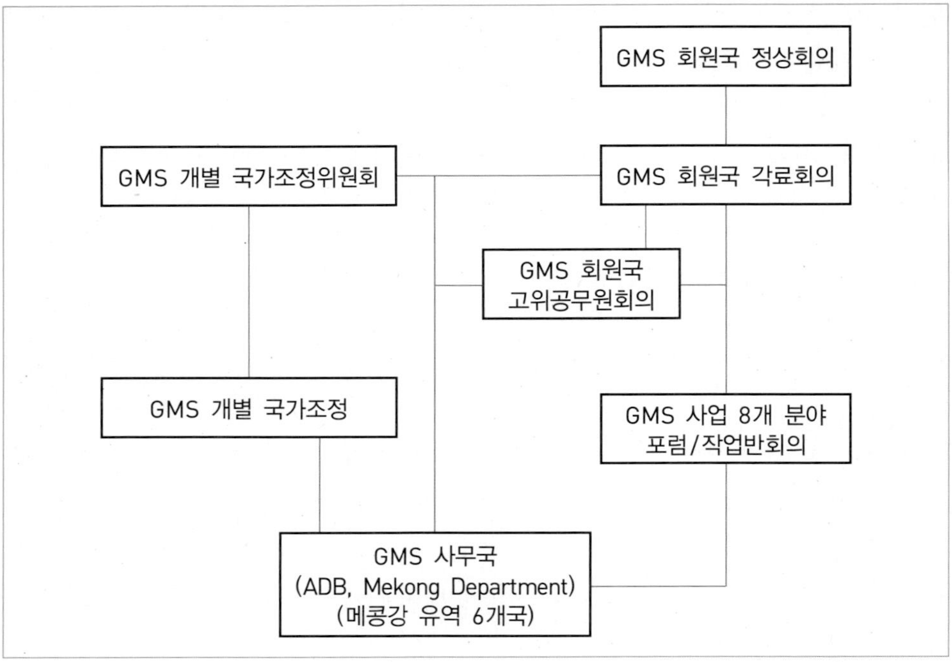

자료: ADB, 정재완외(2003)

▶▶▷ Check Point | MRC와 ADB의 공통점과 차이점

MRC = 메콩강 유역의 수자원 개발
ADB = 메콩강 유역의 사회간접자본 개발

MRC와 ADB는 메콩강 유역의 개발을 위한 다양한 사업을 추진하는 공통점이 있는데 MRC와 ADB는 메콩강 개발의 방향과 핵심사업에 있어 근본적인 차이점이 있다. MRC가 주로 추진하는 메콩강 유역의 사업은 수자원 개발에 집중되어있다. 이에 비해 ADB는 메콩강 유역의 사회간접자본 개발에 집중되어 있다(김홍구 · 박장식, 2000).

현재 메콩강 유역 개발은 MRC의 사업보다 ADB의 GMS가 주도하고 있는 경우가 많다. 가장 큰 이유는 MRC가 주로 추진하고 있는 메콩강 지속가능한 수자원 개발 사업은 메콩강 유역국가들간에 이해관계가 상충되는 경우가 많아 사업투자와 사업추진에 메콩강 유역 국가들의 참여가 저조하다.

이에 비해 ADB의 GMS 사업은 대규모 교통망 구축과 전력 개발 등의 사회간접자본 구축에 집중되어 있어 개별 메콩강 유역 국가들은 자국의 낙후된 사회간접자본을 개발하는 GMS 사업에 관심이 높다. 외국인 투자와 국제기구 지원도 사회간접자본에 대한 투자가 증가하고 있어 메콩강 유역 개발에 있어 GMS 사업은 MRC의 사업보다 상대적으로 더 활성화되어 있다(김태훈외 2011).

▶▶▷ Check Point | MRC와 ADB의 관계

ADB는 MRC의 메콩강 유역 개발에 자금을 지원하는 등 두 기관은 메콩강 개발에 있어 매우 협력적인 관계를 갖고 있다. 그런데 메콩강 유역에서 ADB의 주력사업이 GMS 프로그램으로 집중되면서 ADB의 MRC 지원이 상대적으로 약해지고 있다(KIEP, 2012).

ADB가 GMS 프로그램을 본격적으로 추진하기 시작한 1992년 이전에는 메콩강 유역의 개발사업은 MRC가 단독으로 하였으나 ADB가 GMS 프로그램을 추진하면서 동일한 메콩강 유역에서 동일한 시기에 ADB와 MRC가 사업을 추진하는 관계로 양기관에서 추진하는 사업이 일부 겹치는 부분도 발생하고 있다.

앞서 지적했듯이 MRC와 ADB는 핵심개발 분야가 지속가능한 수자원 개발과 사회간접자본 개발로 근본적인 차이가 있으나 개발에 있어 접점이 발생할 수 밖에 없다. 예를 들어 메콩강에 댐을 건설하는 사업은 MRC의 지속가능한 수자원 개발 사업으로도 추진할 수 있고 ADB의 전력생산을 위한 사회간접자본 사업으로도 추진할 수 있다.

메콩강 유역의 개발은 대규모 자본의 투입이 필요한 사업이다. 이러한 대규모 사업이 효율적으로 이루어지기 위해서는 체계적인 중장기 계획에 의해 중복투자가 발생하지 않아야 한다. 이를 위해서는 MRC와 ADB간에 메콩강 유역에서 계획되고 진행되는 사업에 대한 사전협의를 할 수 있는 통로를 마련해야 한다(김홍구 · 박장식, 2002).

제2장 아세안과 메콩강 개발

1. AMBDC

아세안(ASEAN: Assoiation Of Southeast Asian Nations)은 선발 아세안국가인 싱가포르, 필리핀, 인도네시아, 말레이시아, 브루나이, 태국과 후발 아세안국가인 베트남, 미얀마, 캄보디아, 라오스로 구성되어 있다.

후발 아세안국가들은 선발 아세안국가들에 비해 경제적으로 낙후되어 있어 역내 경제통합을 가로막고 있다. 이러한 아세안 역내의 경제적 격차를 축소하기 위해 역외국인 중국과 아세안 10개국이 참여하여 만든 협의체가 AMBDC(아세안 · 메콩강 유역 개발협력사업)이다(ASEAN, 2016).

AMBDC(ASEAN-Mekong Basin Development Cooperation)는 중국과 아세안이 경제적으로 낙후되어 있는 아세안후발국의 경제개발을 지원하여 선발 아세안 국가와의 경제적 격차를 축소하여 궁극적으로는 아세안의 통합을 이루는 토대를 마련하고자 1996년 설립되었다(이재호외, 2012).

〈표〉 AMBDC 중점지원분야

인프라 구축, 무역 및 투자, 농업, 천연 자원, 공업, 관광, 인적자원 개발, 과학기술

자료: ASEAN

▶▶▷ Check Point | SKRL

SKRL(SKRL, Singapore-Kunming Rail Link)은 범아시아 철도 프로젝트(Pan-Asia Railway Project)로 불리는 AMBDC가 추진하고 있는 가장 대규모 교통프로젝트이다. SKRL은 중국의 남단 쿤밍(昆明)에서부터 동남아의 최남단 싱가포르를 연결하는 철도를 개발하여 중국의 남부지역과 동남아의 경제를 발전시킬 수 있는 인프라를 구축하여 관광객을 유치하는 등 중국과 동남아 국가들 간의 교류를 확대하려는 프로젝트이다(정재완외, 2003).

▶▶▷ Check Point | AMBDC와 GMS의 공통점과 차이점

AMBDC과 GMS는 메콩강 유역의 대규모 사회간접자본의 개발을 추진하다는 점에서 공통점이 있다. 차이점은 AMBDC는 아세안이 주로 주도하고 GMS는 ADB가 주도한다는 차이점이 있고 GMS의 사업이 더욱 활성화되어 있다(김태윤외, 2011).

2. IAI

IAI(Initiative for ASEAN Integration)는 아세안 통합 이니셔티브(Initiative for ASEAN Integration) 사업으로 2000년에 개최된 아세안 정상회담에서 싱가포르의 고촉동 총리가 제안하여 설립된 지역개발 협의체로 후발 아세안국가인 CLMV(캄보디아, 라오스, 미얀마, 베트남)와 선발 아세안국가들간(태국, 싱가포르, 말레이시아, 필리핀, 브루나이)의 개발격차의 감소(Narrowing the Development Gap)와 아세안 경제통합을 가속화하려는 동기로 설립되었다(이재호외, 2012).

아세안이 하나의 시장으로 통합되려면 지역간의 개발격차가 축소되어야 하고 이를 위해서는 경제적으로 앞선 선발 아세안 회원국이 후발 아세안 회원국을 경제적으로 지원하여 역내개발 격차를 축소해야 된다.

IAI는 선발 아세안 회원국들이 후발 아세안 회원국들을 경제적 기술적으로 지원하여 경제적 격차를 축소하고 이를 토대로 하나의 아세안을 구축하여 아세안의 결속과 협력을 강화하여 아세안의 경쟁력을 강화하자는 취지에서 출범하였다.

〈표〉 선발 아세안국가의 IAI 프로젝트 기여현황(2009)

국가	프로젝트 수	기금액(달러)	비중(%)
브루나이	13	159,251.780	8
인도네시아	16	1,263.221	9
말레이시아	66	5,246.738	22
필리핀	9	557,932	5
싱가포르	59	24,266.902	34
태국	14	481,902	8

자료: ASEAN, KIEP(2011)

하나의 아세안을 추구하고 있는 아세안의 선발 아세안국가들과 후발 아세안 국가들간의 경제력 격차에 대해 아세안 10개국은 경제적 차이로 인해 양분되어서는 안된다는 입장이다. 아세안은 아세안 회원국간의 관계도 상호간에 라이벌이 아닌 협력 파트너로 정립되어야 한다는 입장이다. 아세안은 이를 위해 아세안 국가들간에 재화, 용역, 국경이동이 자유로워야 된다고 보고 있다(KOTRA, 2012).

IAI가 추진하는 사업은 후발 아세안국가들의 역량 강화와 후발 아세안국가들의 인적자원 개발을 추진하면서 후발 아세안국가의 사회간접자본 개발도 추진하고 있다. IAI가 추진하는 구체적인 사업은 후발 아세안국가의 인재 양성(역량개발, 고용, 고등교육), 정보통신기술 육성, 지역경제통합 강화(재화 및 서비스 교역, 관세, 투자, 표준화), 인프라 확충(수송과 에너지) 등의 4개 분야의 44개 프로젝트를 추진하고 있다(박재현, 2013; 김태윤외, 2011).

제9부
메콩강 유역 국가

제1장 중국과 메콩강 유역 개발

1. 윈난성과 만남

중국과 메콩강은 중국의 윈난성을 통해 연결되어 있다. 중국의 윈난성은 중국의 서남쪽의 변경에 자리잡고 있는 중국의 일급 행정구이다. 윈난성은 메콩강 유역 국가인 베트남, 미얀마, 라오스, 태국과 이웃하고 있다(최성일외, 2013).

윈난성의 면적은 39만 4,000㎢로 26개의 소수민족이 함께 살고 있다. 윈난성은 경제적측면에서 빈곤 인구가 윈난성 총인구의 1/6 이상을 점유할 정도로 매우 낙후된 지역이다(장혁훈외, 2011).

2. 윈난성과 메콩강

중국의 윈난성은 메콩강 총길이 4,880㎞ 중 2,161㎞의 상류부에 위치하고 있고 메콩강 총 유역면적 795,500㎢ 중 180,000㎢를 점유하고 있다. 이처럼 중국의 윈난성은 메콩강의 상류부를 점유하고 있기 때문에 중국이 메콩강 개발에 협력하지 않는다면 메콩강 유역개발사업은 난항에 부딪칠 가능성이 크다. 중국은 메콩강 유역개발 초기에는 적극적인 참여를 하지 않았으나 1990년대 메콩강 유역에 대한 국제협력을 통한 개발이 시작되자 참여가 본격화되었다(최성일외, 2013).

3. 윈난성의 니즈와 윈난성의 메콩강 유역 허브전략

중국의 윈난성은 공업도시인데 윈난성은 사방이 육지로 둘러 싸여 외부로 진출이 용이하지 않다. 윈난성은 생산된 제품의 물류비용을 줄이고 새로운 해외시장으로 진출하기 위해 메콩강 유역을 통해 바다로 이어지는 루트를 원하고 있다(권기철, 2002). 중국은 윈난성에서 생산된 다양한 공업제품을 메콩강을 통해 해외로 수출할 수 있는 해상루트를 마련하고 싶어한다(심의섭, 1997).

앞서 지적했듯이 윈난성은 미얀마, 태국, 베트남 · 라오스와 국경을 접하고 있는데 그 국경선이 4,060㎞로 중국의 총 국경선의 5/1 정도이다(이장훈, 2013). 중국은 윈난성의 이러한 지경학적 장점을 최대한 활용하여 윈난성의 해상루트 개발을 위한 니즈도 충족하면서 윈난성을 중국의 메콩강 유역 국가들과 경제교류의 허브로 육성할 전략을 갖고 있다.

4. 메콩강 하류의 자원 확보 + 시장 확보

중국이 메콩강 유역의 개발에 참여하고 있는 이유 중에 하나는 메콩강 하류부 국가들의 천연자원을 확보하기 위해서이다. 세계의 공장 중국이 글로벌 생산기지로서 생산역량을 지속적으로 발전시키려면 생산에 필요한 안정적인 자원공급이 필요한데 메콩강 하류 유역 국가들은 천연자원이 매우 풍부하다. 중국은 메콩강 개발에 참여하여 메콩강 하류부 국가들의 천연자원 탐사 및 개발에 참여하여 중국의 다양한 제품의 생산에 필요한 천연자원을 확보하고자 한다.

중국은 메콩강 개발에 참여하여 메콩강 하류부 국가들의 천연자원을 원활하게 공급받는 것뿐만 아니라 최근 들어 지속적인 경제성장에 따른 소득증가로 신흥 소비시장으로 발돋움하고 있는 메콩강 하류부 국가들의 소비시장을 선점하기 위한 전략도 추빈하고 있다. 이처럼 중국은 메콩강 유역 개발에 참여하여 메콩강 하류에 위치하고 있는 국가들이 보유하고 있는 천연자원과 소비시장을 확보하려는 전략을 갖고 있다.

중국은 이러한 메콩강 유역에 대한 전략을 체계적으로 수행하기 위해 6종의 자원 발굴(인력자원, 수력에너지자원, 관광자원, 토지자원, 생물자원, 지하자원), 10개의 소통(항공, 수운, 도로, 철도, 체신, 배전망, 무역, 금융 및 전문 인력의 연계 및 유통) 4대 폐해 억제(환경악화, 불법이민, 마약의 생산 및 유통, AIDS)를 추진하고 있다(권기철, 2002).

5. 메콩강 유역개발 = 중국의 낙후지역 개발

중국은 개혁개방을 통한 성공적인 경제개발 정책으로 고도의 경제성장을 이룩하여 비약적인 경제발전을 달성하였다. 그러나 경제개발정책이 선택과 집중으로 이루어져 지역간 경제개발 차이가 크게 발생하고 있다.

중국의 메콩강 유역은 중국의 낙후된 지역 중에 하나로 중국은 메콩강 유역 개발을 통해 중국의 낙후된 지역인 서남부 지역의 개발을 활성화하고자 하는 경제개발 정책을 추지하고 있다.

메콩강 개발의 핵심사업 중에 하나인 GMS의 사업 중에는 중국의 윈난성과 윈난성의 배후 지역 인 사천성, 귀주성 등의 경제적으로 낙후된 중국의 내륙지방을 메콩강을 통하여 메콩강 하류부 국가들과 연계하는 방안이 추진되고 있어 중국은 윈난성을 중국의 낙후된 지역을 메콩강 유역 국가들과 연계하여 개발하는 지역개발 허브로 활용하고자 한다(KITA, 2015).

이처럼 중국은 메콩강 유역 개발에 참여하여 중국의 메콩강 유역인 윈난성뿐만 아니라 중국의 대표적인 낙후지역인 중국의 서남지역과 중서부지역을 메콩강 유역의 개발과 연계하여 중국의 낙후된 지역경제를 발전시켜서 중국의 개혁개방 이후 중국의 동부연안 중심의 선택과 집중적인 경제개발 정책으로 빚어진 중국의 지역간의 개발격차와 경제력 차이를 줄이려는 정책을 추진하고 있다(조윤수, 2000).

▶▶▷ Check Point | 중국의 서부대개발과 메콩강 유역 개발

국가에서 지역간의 경제개발과 경제력의 차이는 많은 사회문제를 유발하고 정부는 이러한 지역간의 경제력 격차를 해소하기 위한 다양한 정책을 추진하는데 중국정부도 지역간의 경제력 격차를 줄이려는 노력을 하고 있다. 중국정부의 대표적인 낙후된 지역의 경제개발 정책이 서부대개발이다. 중국의 서부대개발(develop the west)은 중국의 낙후된 서부지역을 국가차원에서 체계적 계획에 의해 대규모로 개발하는 국가정책이다.

앞서 지적했듯이 중국은 개혁 개방을 통한 경제개발을 추진하면서 중국의 모든 지역을 똑같이 경제개발을 하지 않고 선택과 집중적인 전략으로 중국의 심천과 상해 등의 중국 동부 연안 중심으로 경제개발 정책을 추진하였다.

이러한 중국정부의 경제정책은 거시적으로 성공하였지만 미시적으로 경제개발에서 소외된 지역과 경제개발이 이루어진 지역간의 경제개발 차이가 더 커졌다. 중국정부는 이처럼 상대적으로 경제력이 낙후된 12개 지역을 선정하여 서부개발지역으로 선정하고 경제개발 정책을 추진하고 있다. 중국에서 낙후지역으로 선정된 서부에 메콩강 상류부에 있는 윈난성이 포함된다(KOTRA, 2016).

중국 정부는 낙후지역인 티벳과 윈난성의 중국의 서남지역을 흐르는 메콩강의 개발을 연계하여 서부대개발을 추진하고 있다. 중국정부는 중국의 낙후지역인 서남지역과 메콩강 유역국가들간의 교통망을 확충하여 상권의 확대와 인적교류의 확대, 수력개발을 통해 등으로 침체된 지역경제를 활성화시키려고 하고 있다(정재완, 2003).

6. 메콩강 유역개발 = 중국의 남진정책의 핵심루트

중국이 메콩강 유역개발에 적극 참여하는 이유 중에 하나가 중국의 해외자원 수송로인 인도양에 진출하기 위한 중국의 남진정책을 추진하기 위함이다. 메콩강 유역은 중국의 남진정책을 추진하는데 중요한 수송경로로 활용할 수 있다 (조대현, 2011).

중국은 메콩강 개발을 통해서 중국의 낙후지역인 내륙지방과 인도양을 연결하는 수송경로의 개발을 추진하고 있다. 중국의 낙후된 서남부 내륙개발이 성공적으로 추진되려면 메콩강 유역 개발을 통해 윈난성 등의 중국의 서남부 내륙지역이 인도양을 통해 유럽과 중동 등과 연결되는 수송루트가 마련되어야 한다(류석춘외, 2012).

7. 메콩강 유역개발 = 중국의 에너지 수송로

중국은 원유와 가스를 말라카 해협을 통해서 중동과 아프리카에서 들여오고 있는데 중국은 G2의 경쟁국가인 미국이 중국과의 갈등이 발생하여 말라카 해협을 봉쇄할 경우 원유와 가스 공급에 차질을 빚을 것을 대비하여 미얀마 항구도시 차우크퓨에서 중국의 윈난성 쿤밍까지 이어지는 가스관과 송유관을 2010년부터 구축하기 시작했다(KITA, 2015).

중국은 메콩강 유역의 미얀마를 경유하는 새로운 에너지 수송관을 통해 중동과 아프리카에서 원유를 수송할 경우 말라카 해협을 통하지 않고 인도양을 통해 수송할 수 있다(이장훈, 2013).

8. 메콩강 유역개발 = 중국의 물부족, 전력문제 해결

중국은 대표적인 물부족 국가이다. 중국의 수자원의 총량은 2조 8천억㎥로 브라질, 러시아, 캐나다에 이어 세계 4위이지만, 홍수와 수질오염 등으로 인해 수자원 총량 중에서 현실적으로 사용할 수 있는 수자원은 1조 1천억㎥정도로 물 부족 국가이다. 중국은 이러한 물부족의 문제를 메콩강의 수자원 개발을 통해 해결하려고 한다. 중국은 메콩강에 댐을 건설하여 중국의 서남부 지역의 물부족 문제를 상당부분 해결하려고 한다(KIEP, 2016).

중국은 메콩강의 댐건설로 중국의 물부족 문제를 해결할 뿐만 아니라 중국의 경제개발에 따라 지속적으로 수요가 증가하고 있는 에너지 부분을 수력자원으로 확보하는 방안으로 추진되고 있다. 메콩강의 수자원은 전반적으로 풍부하지만 지역적으로 티벳고원에서 발원하여 윈난성으로 유입되는 과정에서 수자원의 잠재적 생산력이 높아 실적으로 메콩강을 통해 생산할 총수력전기의 약 80%는 중국의 윈난성에서 생산되고 있다(류석춘외, 2012). 중국은 메콩강의 상류의 수자원을 개발하여 약 15,000MW 규모의 전력을 생산할 계획이다. 생산된 전력의 약 80%는 윈난성에서 사용하고 일부는 메콩강 유역국가인 태국으로 수출할 계획을 갖고 있다(김태윤외, 2011).

▶▶▷ Check Point | 중국의 MRC와 GMS에 대한 입장

중국은 메콩강 유역 개발의 양대 협의체인 MRC와 GMS에 대해 확연한 입장 차이를 보이고 있다. 중국은 MRC에는 가입하지 않았지만 GMS의 사업에는 적극적으로 참여하고 있다. 이러한 중국의 입장은 메콩강 유역 개발에 대한 중국의 전략에 나타나 있다.

중국은 중국이 메콩강에서 위치하고 있는 메콩강 상류의 이점을 최대한 활용하여 메콩강 상류에 댐을 건설하여 중국의 수력발전을 개발하고 메콩강 유역의 운송망 시스템을 구축하여 메콩강 유역을 매개로 하여 인도양을 통해 무역과 자원의 수송시스템을 구축하고자 한다(KOTRA, 2016).

중국이 MRC에 가입하지 않은 이유는 MRC는 메콩강의 지속가능한 수자원 개발과 관리를 주요 사업으로 하고 있기 때문에 중국이 MRC에 가입하게 되면 앞서 지적했듯이 중국이 메콩강 상류에 댐건설 등의 수자원을 개발할 때 MRC의 관련 규정을 모두 지켜야 되고 MRC의 회원국가인 메콩강 하류국가들과 중국의 댐건설에 대해 협의해야 될 가능성이 크기 때문이다. 실제로 메콩강 하류국가들은 메콩강 상류에 대규모 댐이 건설되면 유수량이 감소되어 메콩강 하류부에 다양한 문제가 발생할 수 있다는 입장을 갖고 있다(김태윤외, 2011).

중국이 GMS의 사업에 적극적인 이유는 GMS의 사업이 육지에 둘러싸여 있는 중국의 윈난성에서부터 바다로 이어지는 메콩강 유역 하류부 남단까지 운송망시스템을 구축하는 프로젝트가 많아 중국의 물류정책, 무역정책 등과 부합하기 때문이다.

9. 메콩강 유역개발 = 중국의 동남아 철도연결전략

중국은 중국에서 출발한 고속철도가 메콩강 유역을 지나 동남아 최남단인 싱가포르까지 연결되는 계획을 추진하고 있다. 중국은 메콩강 유역 개발의 교통망 연계 사업을 통해 중국에서 출발한 철도가 메콩강 유역의 곳곳으로 연결되는 계획을 추진하고 있다(ADB, 2016).

중국의 메콩강 유역과 연결되는 고속철도 계획은 동쪽 노선과 중간노선, 서쪽 노선의 3개 노선으로 구성되어 있다. 서쪽 철도노선은 중국의 쿤밍과 미얀마의 경제수도 양곤을 연결하고 태국의 수도 방콕에 도착한다. 중간 철도노선은 중국의 쿤밍과 라오스의 수도 비엔티엔을 연결하고 태국의 수도 방콕에 도착한다.

동쪽 철도노선은 중국의 쿤밍에서 시작하여 베트남의 수도 하노이와 경제수도 호치민, 캄보디아의 수도 프놈펜, 태국의 수도 방콕, 말레이시아의 수도 쿠알라룸푸르를 거쳐 동남아의 최남단 싱가포르에 이르는 긴 철도노선이다(이장훈, 2013).

10. 메콩강 유역개발 = 중국의 메콩강 물류정책 + 산업정책

중국의 메콩강 유역개발에 있어 물류관련 정책은 산업정책과 융합되어 있다. 중국은 메콩강 유역과 중국간의 운송시스템을 먼저 구축하고, 그 다음에 중국과 메콩강 유역 국가간에 구축된 운송시스템을 토대로 중국과 메콩강 유역 국가간의 수출입과 인적교류를 확대한다(ADB, 2016).

메콩강 유역 국가들과 중국간의 수출입과 인적교류가 중국과 메콩강 유역국가간에 구축된 운송시스템을 통해 확대된 이후에는 수출입과 일시적인 인적교류를 넘어 운송구간을 중심으로 대규모 산업단지를 개발하여 중국과 메콩강 유역국가간의 상호보완적인 산업시스템을 구축하고자 한다(이선진, 2010).

〈표〉 중국의 메콩강 유역 운송망 개발

메콩강 유역 육로운송망	• 남북 corridor : 중국 쿤밍(윈난)-하노이-하이퐁 도로망, 난닝(광서)-하노이-하이퐁도로망, 쿤밍-라오스-태국(방콕) 연결 수송로 등 • 동서 corridor : 베트남(다낭)-라오스-태국-미얀마 도로망과 베트남-캄보디아-태국을 잇는 2가지 도로망 • 남부 corridor : 베트남(남부)-캄보디아(남부) 연결 도로망
메콩강 운송로	• 중국 윈난성 Lanchang-태국-라오스 연결 • Yuanjiang-Honghe강(윈난성-베트남 연결), 중국-미얀마 운송로 등

자료: ADB, 이선진(2010)

11. 메콩강 유역개발 = 동남아 국가들과 정치관계 개선

중국과 메콩강 유역 국가들은 정치적으로 갈등을 겪었던 시기도 있고, 우호적인 관계를 유지했던 적도 있다. 현재도 중국과 메콩강 유역 국가들은 다양한 국제정치적 사안에 따라 갈등과 우호적인 관계를 반복하고 있다.

중국은 메콩강 개발 유역의 개발에 대해 적극적인 참여를 함으로써 메콩강 유역 국가들과의 기존의 갈등관계를 해소하고 우호적인 메시지를 전달하고자 한다. 중국의 메콩강 유역 개발에 대규모 투자를 함으로써 G2로서 정치적 경제적 위상을 메콩강 유역에서 정립하고 메콩강 유역의 지역의 리더로서의 지위도 확립하고자 한다.

중국은 경제발전으로 확보한 외환보유액을 토대로 대규모 자본을 지원하고 기술 인력 등을 파견하여 메콩강 유역 개발에 적극적으로 참여하고 있다. 중국 정부뿐만 아니라 중국 민간기업의 메콩강 유역에 대한 투자도 증가하고 있다.

중국의 메콩강 유역에 대한 대규모 투자와 경제관계의 개선은 메콩강 유역 국가들을 중국의 광역경제권에 밀착시키는 효과를 가져올 뿐만 아니라 중국과 메콩강 유역의 경제관계가 더욱 밀접해지면 정치적 갈등관계도 개선될 가능성이 크다(조대현, 2011; 심의섭, 1997; 이장훈, 2013).

〈표〉 중국의 메콩강 유역국에 대한 투자

• 미얀마 : 미얀마–중국 가스 파이프라인 건설 프로젝트 : 아시아 국가 중 제일 긴 파이프라인 • 라오스 : 경기장 건설 : 동남아 경기대회(SEA게임) 주 경기장을 포함한 18개 경기장 건설 지원 • 캄보디아 : 캄보디아 '7호 도로' 건설 : 캄보디아 최장도로로 2008년 개통

자료: KOTRA(2010)

제2장 캄보디아와 메콩강 유역 개발

1. 캄보디아와 만남

캄보디아는 오랜기간 내전에 휩싸이면서 오랜기간 혼란과 혼돈의 시간을 가졌다. 그 혼란과 혼돈의 시기에는 군사적 충돌에 따른 위험 증대, 이데올로기와 정치적 불안정에 따른 정국의 혼돈과 이에 따른 사회 전반적인 혼란이 지속되었다.

캄보디아의 혼란과 혼돈은 캄보디아 국내에서 끝나지 않고 국제관계도 단절시키는 원인으로 작용하였다. 캄보디아의 국제사회와의 단절은 국제정치적인 관점에서 뿐만 아니라 국제경제적인 관점에서 캄보디아 경제의 발목을 잡는 결과를 초래하였다.

캄보디아의 선진국을 중심으로 한 국제사회와의 단절은 저개발 국가 캄보디아가 경제성장을 위한 기반이 마련될 까지 필요한 국제원조와 기술지원 등이 이루어지지 않았다. 장고의 인내의 시간이 지난 후 캄보디아에도 평화와 안정의 훈풍이 불면서 캄보디아는 정치적으로 안정이 되고 국제사회와의 관계도 정상화되면서 외국인 투자와 관광객이 증가되고 경제도 견실한 성장을 보이고 있다.

2. 캄보디아 경제의 특징

앞서 살펴본 것처럼 캄보디아는 내전이 종식되고 정치적으로 안정되면서 국제사회와 관계가 개선되었다. 이러한 우호적인 국내·외 통상환경 조성으로 경제개발에 필요한 원조가 증가되고 수출제품의 가격경쟁력을 향상시켜주는 MFN, GSP가 선진국을 중심으로 한 국제사회로부터 공여되었다.

캄보디아는 선진국과의 관계개선뿐만 아니라 1999년 아세안에 가입하면서 냉전시대 대결구도에 있던 아세안 국가들과 관계도 개선되면서 아세안 국가들과 교류와 경제협력이 확대되었다. 캄보디아의 이러한 우호적인 통상환경 변화로 캄보디아의 수출과 외국인 투자가 증가하여 캄보디아의 경제성장은 지속되었다.

캄보디아 경제는 이처럼 대외 통상환경 개선으로 경쟁력이 향상되었지만 본질적인 문제는 아직 해결되고 있지 않다. 캄보디아 경제의 구조적인 문제는 메콩강 유역 저개발 국가들과 마찬가지로 산업구조에서 농업부분이 차지하는 비중이 높아 농산물의 수확 상황에 따라 경제가 요동치는 취약한 구조를 갖고 있다.

제조업도 의류산업에 편중되어 있는데 생산되는 의류제품의 70% 이상을 MFN, GSP를 공여해준 미국과 유럽에 수출하고 있어 미국과 유럽 경제의 상황에 따라 급물쌀을 타는 취약한 수출구조를 갖고 있다(KITA, 2015).

수입구조도 매우 취약하다. 캄보디아가 경제개발과 생산을 위해 필요한 자본재와 원재료 수입뿐만 아니라 국내 제조업이 경쟁력을 갖추고 있지 못해 공산품과 같은 소비재의 상당부분을 수입에 의존하고 있는 실정이다. 캄보디아는 오랜 내전으로 인해 교육인프라가 잘 갖추어져 있지 않고 이로 인해 인적지원의 교육과 훈련이 체계적으로 이루어지지 않고 있어 인적자원의 글로벌 경쟁력이 낮다(KEB, 2017).

〈표〉 메콩강 유역 국가들과 선발 아세안국가의 고등교육기관 등록률 비교(2011)

(단위: %)

국가	고등교육 등록률
인도네시아(선발 아세안국가)	24.9
말레이시아(선발 아세안국가)	42.3
캄보디아(후발 아세안국가)	14.5
베트남(후발 아세안국가)	24.4
라오스(후발 아세안국가)	17.7

자료: United Nations ESCAP, 채재은외(2014)

3. 캄보디아와 메콩강

캄보디아 국토의 5/4는 메콩강 유역에 자리잡고 있고, 캄보디아는 메콩강이 캄보디아 국토의 정중앙을 통과하고 있는 평원국가이다. 캄보디아의 메콩강은 이웃국가인 라오스에서 북쪽으로 캄보디아로 흘러 들어와 캄보디아의 정중앙부를 흐른 뒤에 남쪽의 베트남으로 유입된다(양승윤, 1997).

캄보디아의 역사는 메콩강과 늘 함께 하였다. 캄보디아의 주류 종족인 크메르인은 메콩강을 따라 현재의 캄보디아 지역으로 이주하였고 캄보디아인의 자긍심인 앙코르 제국은 메콩강의 지류에 있는 톤레삽 호수를 중심으로 하여 건국되었다(조흥국외, 2002).

캄보디아는 메콩강 하류부의 중간에 자리잡고 있으며 캄보디아의 메콩강 유역면적은 151,050㎢이고 캄보디아 영내를 지나가는 메콩강의 길이는 454㎞로 메콩강 전체길이의 약 11%를 점유하고 있다(권기철, 2002). 캄보디아는 메콩강의 전체 유수량 중에서 18%를 점유하고 있고 캄보디아 총인구의 약 85% 이상이 메콩강 유역에 의존하여 살아가고 있다(김태윤외, 2011) 메콩강은 이처럼 과거에도 현재에도 미래에도 캄보디아인의 삶과 함께하고 있다.

4. 메콩강 유역 개발 = 농업 발전

캄보디아는 앞서 설명하였듯이 전통적인 농업국가로서 산업구조에서 농업이 차지하는 비중이 높고 전체 인구에서 농민이 차지하는 비중도 높다. 그런데 캄보디아는 농산물 생산성이 높지 않고 농산물 생산에 필요한 관개시설은 매우 부족한 실정이다(김홍구 · 박장식, 2002). 캄보디아는 메콩강의 수자원 개발 사업을 통해 농업에 필요한 관개시설을 확충하려는 노력을 하고 있다.

5. 메콩강 유역 개발 = 인프라 구축 + 관광산업 발전

캄보디아는 오랜기간 지속된 내전과 정치상황의 불안정으로 사회간접 자본에 대한 투자가 매우 미흡하다. 도로, 철도와 같은 교통망뿐만 아니라 공항과 항만과 같은 물류거점, 산업뿐만 아니라 일상생활과도 밀접한 관계가 있는 수도, 전력 사정도 매우 미흡한 실정이다.

캄보디아는 메콩강 유역 개발을 통해 캄보디아의 부족한 사회간접자본의 확충을 도모하고 있다. 사회간접자본의 확충은 국민들의 삶의 질의 향상을 가져올 뿐만 아니라 캄보디아가 집중 투자하고 있는 관광산업의 발전을 가져오고 무역과 외국인 투자유치도 활성화될 것으로 전망된다.

6. 메콩강 유역 개발 = 톤레삽 호수 개발 + 보존

메콩강의 지류에 있는 톤레삽 호수는 아시아 최대의 담수호로서 캄보디아인들에게 생명줄로 여겨질 만큼 소중한 호수이다. 톤레삽 호수는 메콩강의 우기에는 급증하는 유량을 호수에 담아 메콩강의 범람을 막고 메콩강의 유량이 줄어드는 건기에는 우기에 담고 있던 물을 메콩강으로 다시 보내는 기능을 하고 있다(권기철, 2002).

캄보디아는 메콩강 유역 개발을 통해 톤레삽 호수가 본래의 제기능을 할 수 있게 과학적이고 효율적으로 정비하기를 원한다. 그러나 대규모 댐건설 등의 메콩강 유역의 개발로 톤레삽 호수가 제 기능을 상실하는 것을 우려하고 있다.

7. 메콩강 유역 개발 = 어업 생산량 증가

캄보디아의 톤레삽 호수는 어족(魚族)이 매우 풍부한 호수이다. 캄보디아의 풍부한 어족은 메콩강 유역 주민들의 중요한 소득원일 뿐만 아니라 캄보디아 국민들의 중요한 식량이자 영양분 공급원이다(KITA, 2015).

캄보디아는 메콩강 유역 개발을 통해 메콩강의 효율적이고 체계적인 수자원 관리를 통해 톤레삽 호수의 풍부한 어족들의 생산량의 증대를 가져오기를 기대하고 있다. 그러나 메콩강에 댐건설 등의 수자원 개발로 메콩강의 수위에 급격한 변화가 발생하여 톤레삽 호수의 어업이 위축되는 것을 우려하고 있다.

8. 메콩강 유역 개발 = 수력발전 댐 건설

캄보디아는 메콩강 유역의 수자원 개발을 통해 국내의 부족한 전력도 확충하고 전력 수출을 통해 경제발전을 도모하고자 한다. 캄보디아가 주력산업으로 육성하고 있는 관광산업의 발전을 위해서는 원활한 전력공급이 필요하다. 캄보디아의 주력 제조업종인 의류산업의 발전을 위해서는 지속적으로 외국인 투자가 확대되어야 하는데 전력부족은 투자유치에서 걸림돌로 작용할 수 있다. 캄보디아는 투자환경 개선과 전력부족 확충, 전력수출 등을 위해 메콩강 유역의 수자원 개발에 적극성을 보이고 있다.

제3장 태국과 메콩강 유역 개발

1. 태국과의 만남

태국은 세계적인 관광대국이고 쌀 수출 세계 1위의 농업대국이다. 태국은 메콩강 유역 국가 중에서 유일하게 선발 아세안국가로 메콩강 유역에서 경제적으로 가장 발달된 국가이다. 태국이 메콩강 유역의 경제적 강자로 우뚝서게 된 배경에는 근대화과정에서의 역사적 경험과 산업화 시대에 경제개발 정책과 대외 통상정책에서 후발 아세안국가들과 근본적인 차이가 있었다.

앞서 지적했듯이 제국주의 시대 태국을 제외한 베트남, 라오스, 캄보디아, 미얀마는 서구 열강들의 식민지배를 받았다. 제국주의 시대 식민지배의 경험은 이들 국가들의 대외 통상정책을 폐쇄정책으로 점철되게 하였다.

이들 국가들은 식민지배 후 독립을 하였으나 식민지배 기간 동안 민족자본이 형성될 시기를 상실하여 독립 이후 경제자립이 난관에 부딪쳤다. 정치적으로도 식민지배 기간 자국의 리더와 정치그룹에 의한 통치경험의 부재로 수많은 사회적 혼란이 발생하였다.

메콩 유역 국가들이 독립 이후 정치적 혼란과 폐쇄적 정책을 추진하면서 경제적 침체를 벗어나지 못하던 시기에 태국은 제국주의 시대 서구 열강으로부터 나라를 지킨 자신감 등으로 개방적인 경제정책을 추진하여 수출과 외국인 투자유치를 적극적으로 추진하여 경제성장을 지속하였다.

2. 태국과 메콩강 유역 국가들의 경제관계

태국은 메콩강 유역의 동남아 국가 중에서 경제적으로 가장 앞서 있는 국가이다. 태국은 과거부터 현재까지 메콩강 유역에서 가장 경제적으로 번영하였고 메콩강 인접국들에게 영향을 미치는 메콩강 유역의 대표적인 강대국중의 하나이다.

태국은 아세안 설립을 주도한 아세안 창립 멤버로서 아세안 10개국 중에서 정치경제적으로 선두그룹을 형성하고 있다. 태국은 메콩강 유역에서 뿐만 아니라 아세안 10개국 내에서도 동남아 지역의 강대국의 위치를 확보하고 있으면서 중심적인 역할을 하고 있다.

태국은 메콩강 유역 국가 중에서 경제발전 단계가 가장 앞선 국가로 메콩강 유역 국가에 대한 역내 최대 투자국이다. 태국은 메콩강 유역 국가중에서 경제적으로 낙후되어 있는 라오스의 가장 중요한 최대 투자국이고, 왕조시대 메콩강 유역의 라이벌 관계에 있었던 미얀마에 대한 태국의 투자는 미얀만 전체 투자의 20%를 상회하고 있다. 넥스트 차이나로 각광받고 있는 베트남에 대한 투자도 급증하고 있다(KITA, 2015).

앞서 살펴보았듯이 메콩강 유역 국가들은 전통적으로 농업국가이고 태국을 제외한 국가들의 제조업의 경쟁력은 취약하여 공업제품을 수입에 의존하고 있는데 태국의 공산품들이 메콩강 유역 국가들의 시장을 선점하고 있다. 메콩강 유역 국가들의 공산품 소비시장에서 고소득층들은 한국제품과 일본제품 등을 선호하지만 서민들은 태국제품과 중국제품을 소비하고 있다.

태국은 메콩강 유역 국가들에 대해 투자와 수출뿐만 아니라 메콩강 유역 국가들에 대한 공적개발원조(ODA)도 확대하고 있다. 태국은 공적개발원조(ODA)를 통해 메콩강 유역 국가들의 사회기반 시설의 개발을 지원하고 있다.

태국은 경제적으로 메콩강 유역 국가중에서 가장 발달된 국가로 메콩강 유역 국가들에 비해 상대적으로 임금이 높고 일자리도 많은 편이다. 이러한 이유로 메콩강 유역 국가들의 노동자들이 자국에서 얻지 못한 일자리를 태국에서 구하는 경우가 많다.

태국에는 메콩강 유역 이웃 국가인 라오스, 캄보디아, 미얀마로부터 약 100만 명 정도의 사람들이 미숙련 노동자로 일하고 있다. 태국은 메콩강 유역에서 경제개발 단계가 가장 앞서고 임금이 높아 이웃 메콩강 유역 국가들의 구직을 원하는 근로자들에게 노동시장을 제공해주고 있고 태국도 3D 업종 기피에 따른 구인난을 해결하고 있다(권기철, 2002).

〈표〉 태국의 메콩유역 국가 직접투자

(단위: 백만 바트)

국가	1990~2004	비율(%)
캄보디아	2,707	21.94
라오스	1,809	14.66
미얀마	1,557	12.62
베트남	6,265	50.78

자료: Bank of Thailand, KOTRA(2007)

▶▶▷ Check Point | 계약농업과 ODA

태국은 메콩강 유역 국가들에 다양한 공적개발원조(ODA)를 제공하고 있는데 태국은 계약농업의 형태로 라오스에 ODA를 제공하고 있다. 태국은 라오스와 환금작물 재배에 대한 계약 농업을 체결하고 수확된 사탕수수, 팜, 고무와 같은 환금작물을 라오스와 태국의 국경지대인 태국공장에서 제조하여 태국 내수시장에 판매하기도 하고 환금작물을 재배한 라오스에 재수출하거나 동남아 인근국가와 선진국 등에 수출한다(KIEP, 2016).

3. 태국과 메콩강

태국과 메콩강은 매우 밀접한 관계를 갖고 있는데 태국의 영내를 흐르는 메콩강은 960㎞나 되고 태국내 메콩강의 유역면적은 약 189,210㎢으로 전체 메콩강 유역면적의 약 24%를 점유하고 있다. 태국은 이웃나라와 메콩강을 경계로 국경을 이루고 있는 경우가 많은데 태국과 라오스의 국경은 메콩강을 경계로 60%나 국경을 이루고 있다(김태윤외, 2011; 권기철, 2002).

이처럼 메콩강은 때론 국경의 경계로 때론 일상에서 접할 수 있는 친근한 강으로서 태국인의 삶속에 깊이 뿌리를 내리고 있다. 메콩강은 국경의 경계 뿐만 아니라 이웃나라로 교류할 수 있는 소중한 통로로서 역할도 아주 오래전부터 하고 있다.

4. 메콩강 유역 개발 = 낙후지역 개발

태국이 메콩강 유역 개발에 참여하는 목적은 국내문제를 해결하면서 메콩강 유역에서의 태국의 지위와 역할을 유지발전 시키려는 다각적인 전략이 포함되어 있다. 태국이 메콩강 유역 개발에 참여하는 목적 중에 하나는 국내에서 상대적으로 낙후된 지역경제를 활성화시키기 위해서이다. 많은 나라들이 수도권 중심의 경제 개발정책을 추진하여 수도권과 비수도권간의 경제력 격차가 발생하는 경우가 많은데 태국도 수도인 방콕에 위치한 태국의 남부지역을 중심으로 경제개발이 이루어져 지역간 경제력 격차가 발생하고 있다.

특히 태국에서 메콩강이 위치하고 있는 태국의 동북부지역은 태국에서 상대적으로 경제개발이 뒤쳐진 지역이다, 태국 동북부 지역은 메콩강의 하류지역에 위치하고 있는 지역으로 메콩강의 수자원 관리가 제대로 이루어지지 않아 메콩강의 범람 등으로 농사를 짓는데 필요한 용수 공급이 원활하게 되고 있지 않아 많은 곤란을 겪고 있는 지역이다(ADB, 2016).

척박한 농업환경으로 인해 태국의 동북부지역의 주민들의 평균소득은 태국 다른 지역의 소득에 비해 매우 낮아 이 지역의 주민들중에 일부는 일자리를 찾아 다른 지역으로 이주하는 경우도 발생하고 있다(김홍구 · 박장식, 2002). 태국 정부는 메콩강 유역의 개발을 통해 태국에서 경제개발이 상대적으로 뒤쳐진 동북부 지역을 체계적으로 개발하려는 정책을 추진하고 있다.

5. 메콩강 유역 개발 = 국경 산업단지 구축

태국은 메콩강 유역 국가들의 저임금을 활용하여 경제성장을 달성할 수 있는 방안을 메콩강 유역 국가들과의 국경 산업단지에서 찾고 있다. 태국은 메콩강 유역 개발의 일환으로 메콩강 유역 국가들과 태국의 국경도시를 통행할 수 있는 도로건설에 소요되는 비용을 메콩강 유역 이웃 국가들에게 유무상 원조형태로 지원하여 건설하고 국경지대에 농업과 제조업을 중심으로 하는 대규모 산업단지를 개발하고 있다(ASEAN, 2016).

태국은 메콩강 유역 이웃국가들과의 국경지대에 대규모 산업단지를 개발하여 이웃 국가들의 저임금의 근로자가 농업과 노동집약적 제조업에 참여하게 되면 태국제품의 가격경쟁력을 향상시킬 수 있을 것으로 기대하고 있다. 또한 구직난을 겪고 있는 메콩강 유역 국가들의 근로자들에게도 일자리를 창출과 소득증가의 선순환을 가져와 국경산업단지와 생산기지뿐만 아니라 태국제품의 소비시장으로 발전할 가능성도 있다.

6. 메콩강 유역 개발 = 에너지 자원 확보

태국은 메콩강 유역 국가 중에서 생산뿐만 아니라 유통, 소비 모든면에서 발전되어 에너지 자원에 대한 수요가 공급을 초과하고 있다. 태국은 부족한 에너지 자원을 메콩강 유역의 이웃 국가로부터 수입하고 있다. 이웃 국가인 미얀마로부터는 가스 수입을, 캄보디아와 라오스로부터는 전력수입을 하고 있다(김태윤외, 2011).

태국은 메콩강 유역 이웃 국가들의 수자원 개발과 인프라 구축 사업을 지원하고 참여하여 자국의 부족한 에너지 자원의 공급을 메콩강 유역 국가들로부터 원활하게 받고자 한다. 태국은 지속적인 경제성장과 일인당 국민소득 증가에 따라 에너지 자원에 대한 수요가 증대되고 있어 메콩강 유역의 에너지 자원 개발에 적극적으로 참여하고 있다.

7. 메콩강 유역 개발 = 산업구조 조정 + 해외투자

태국경제는 근대화 과정 이후 산업화 시대에 고도성장을 이룩하였다. 태국경제가 지식경제 정보화시대와 제4차 산업혁명시대에도 지속적인 성장을 하려면 경쟁력 있는 산업과 경쟁력 잃은 산업분야에 대한 산업구조조정을 해야 한다(김희주외, 1995).

태국은 자국내에서 경쟁력을 잃은 산업을 해외진출을 통해 경쟁력을 확보하는 방안을 추구하고 있다. 태국의 제조업체들이 진출할 수 있는 해외시장 중에서 가장 용이한 지역이 인접한 메콩강 유역이다.

태국 제조업체들이 메콩강 유역 국가에 진출하여 효율적 생산시스템을 구축하려면 피투자국인 메콩강 유역 국가들의 투자환경이 개선되어야 한다. 그런데 메콩강 유역 국가들은 일반적으로 대규모 자본의 투입이 필요한 사회간접자본 등에 투자할 경제적 여력을 갖고 있지 않아 메콩강 유역 개발을 통한 지원과 투자가 필요하다. 태국은 메콩강 유역 국가들에 대한 투자를 통해 태국의 해외투자 전초기지를 확보하는 통상전략을 추진하고 있다.

8. 메콩강 유역 개발 = 메콩강 유역의 관문 역할 증대

메콩강 유역은 천혜의 관광자원을 보유하고 있다. 최근 들어 메콩강 유역의 국가들은 관광산업을 활성화시키기 위해 다각적인 노력을 하고 있다. 메콩강 유역 국가들은 관광산업 활성화를 위해 대규모 관광단지를 개발하고 국내의 관광관련 제도를 정비하고 있다. 또한 국내의 관광지를 연결하는 교통망을 확충하고 관광서비스 향상을 도모하고 있다.

메콩강 유역 국가들은 세계적인 관광자원을 보유하고 있지만 국제공항을 포함한 항공산업 등의 발전이 이루어지지 않아 태국이 메콩강 유역의 관문과 허브 역할을 하고 있다. 해외관광객들이 메콩강 유역 국가들을 방문할 때 태국의 공항을 경유하는 경우가 많다.

메콩강 개발로 메콩강 유역의 관광자원이 본격적으로 개발되어 메콩강 유역의 관광산업이 활성화되면 태국은 메콩강 유역의 관문으로서 역할이 더욱 증대할 것으로 전망된다. 특히 관광대국 태국의 관광산업도 메콩강 유역의 관광상품과 연계되어 더욱 활기를 띨 것으로 전망된다.

9. 메콩강 유역 개발 = 사회안정 + 미래 소비시장

태국은 앞서 지적했듯이 메콩강 유역에서 가장 경제가 발달되어 있고 이에 따라 메콩강 유역 국가들에 비해 일자리가 많고, 임금도 높아 메콩강 유역 인근 국가들의 국민들이 태국으로 이주하는 경우가 많다.

태국으로 유입되는 메콩강 유역 국가들의 주민들 중에는 합법적으로 취업을 위해 태국으로 이주하는 사람도 있지만 불법으로 국경을 넘어 태국으로 들어오는 사람들도 있어 태국내에서 수많은 사회문제를 일으키고 있다(ASEAN, 2016).

메콩강 유역의 태국의 인근 국가 주민들이 태국에 불법으로 이주하는 가장 큰 이유는 자국이 경제개발이 되지 않아 일자리가 부족하고 임금이 상대적으로 태국에 비해 낮기 때문이다. 메콩강 유역 개발로 메콩강 유역 국가들의 경제가 발전되고 이에 따라 양질의 일자리가 많이 창출된다면 일자리 때문에 자국을 떠나 태국으로 이주하는 이웃국가의 이주민이 감소할 것으로 전망된다.

태국의 메콩강 유역 개발에 대한 유무상 지원과 투자와 참여는 메콩강 유역 국가들의 경제발전에 기여하고 이웃 국가들의 사회 안정을 도모하여 이웃 국가들의 저개발과 사회 불안정으로 인해 영향을 받는 태국사회의 문제를 줄일 수 있다.

앞서 설명한 태국의 국경지대 산업단지 조성도 국경지대에 태국의 대규모 농업단지와 노동집약적인 제조업체에서 메콩강 유역 인근 국가들의 노동자들이 합법적으로 일할 수 있게 하여 태국으로 유인되는 불법 체류자를 줄일 수 있는 방안이다.

메콩강 유역개발로 메콩강 유역 국가들의 소득이 증가되면 태국제품에 대한 구매력 증대로 메콩강 유역의 국경무역이 더욱 활성화되고 메콩강 유역은 태국 제조업체들의 미래의 최대 소비시장으로 발돋움할 수 있다.

이처럼 메콩강 유역은 오랜기간 상호 밀접한 관계를 갖고 있어 경제적인 요인과 사회적인 요인 복합적으로 융합되어 나타나고 국내적인 문제와 국제적인 문제가 뒤엉켜 있는 경우가 많다.

10. 메콩강 유역 개발 = 지역의 리더 역할

메콩강 유역 개발은 메콩강 유역 국가들뿐만 아니라 외부 국가, 국제기구 등이 참여하는 대표적인 국제개발 사업이다. 개발에 참여하는 국가와 기구가 많음으로 인해 대규모 자본이 투입되는 장점도 있지만 불협화음도 상존하고 있다.

메콩강 유역 개발을 둘러싼 이해관계 충돌은 메콩강 역내 국가간 뿐만 아니라 메콩강 역내 국가와 외부 국가, 메콩강 역내 국가와 국제기구, 국제기구와 국제기구 간에도 발생할 수 있다. 태국은 이러한 복잡한 메콩강 유역 개발 구도에서 지역의 리더로서 다양한 부분에서 적극적으로 참여하고 있다.

태국은 메콩강 개발과 관련된 협의체중에서 ACMECS, AMBDC, GMS, MRC, MI, IAI 등에 참여하면서 메콩강 유역 국가들의 개발 사업에 투자뿐만 공적개발원조 등을 통해 지원함으로써 메콩강 유역의 리더로서 역할을 수행하고 있다 (KIEP, 2011).

제4장 미얀마와 메콩강 유역 개발

1. 미얀마와 만남

미얀마는 왕조시대 태국과 더불어 동남아의 강대국이었으나 제국주의 시대 영국의 식민지배를 받으면서 국력이 쇠퇴하기 시작하였고 독립 이후에도 정치적인 문제로 국제사회와 오랜기간 갈등이 발생하여 경제가 뒷걸음질치는 악순환을 겪었다. 그러나 최근 들어 미얀마에 민간정부가 들어서고 미국, EU 등의 선진국가들과 관계가 개선되면서 미얀마의 경제도 활력을 찾으면서 미얀마에 대한 국제사회의 관심이 증대되고 있다.

2. 미얀마의 경쟁력

미얀마는 풍부한 천연자원을 보유하고 있으나 국제사회와 고립된 폐쇄정책이 장기간 지속되면서 미개발 상태로 보존되어 있어 대규모 개발에 대한 국내외 관심이 증대되고 있다. 미얀마는 천연가스와 같은 천연자원의 생산 및 수출의 증가와 외국인 투자가 급증하면서 경제성장이 지속되고 있다.

미얀마는 천연자원이 풍부할 뿐만 아니라 인적자원도 숙련도가 높은 저임금의 풍부한 인력을 보유하고 있어 국제경쟁력을 갖고 있다. 이러한 미얀마의 경쟁력으로 인해 미얀마는 메콩강 개발 유역 국가중에서 태국, 베트남을 이어 경제개발이 가속화될 것으로 전망되고 있다(이장훈, 2013).

3. 미얀마 경제의 특징

미얀마는 성장잠재력이 매우 높지만 현재 미얀마의 경제시스템은 일반적인 저개발국가의 산업구조를 보이고 있다 미얀마는 농업을 토대로 하는 경제구조를 갖고 있다. 미얀마는 산업구조에서 농업이 차지하는 비중이 매우 높고 농업에 종사하는 농업인구가 총인구에서 차지하는 비중이 매우 높다.

이에 비해 제조업의 발달은 매우 미미하다. 미얀마는 대부분의 개도국들이 산업화 초기에 의류산업에 집중하는 것처럼 미얀마의 제조업도 의류산업이 견인하고 있다. 미얀마에 대한 외국인 투자가 증가하고 있는데 제조업에 대한 외국인 투자업종도 의류산업에 집중되어 있다.

미얀마는 의류업종을 제외한 제조업이 활성화되어 있지 않아 수출도 천연가스가 총수출에서 차지하는 비중이 40%나 될 정도로 수출이 1차산업에 집중되어 부가가치가 높은 다양한 공산품의 제조업으로 산업 고도화가 필요하다(IMF, 2015).

미얀마는 이처럼 제조업이 취약하여 상당부분의 공산품 등을 외국으로부터 수입에 의존하고 있다. 미얀마의 경제에서 취약한 부분은 제조업뿐만 아니라 사회간접자본이 잘 갖추어져 있지 않다. 미얀마는 도로와 같은 교통인프라 뿐만 아니라 전력도 부족하여 단전되는 경우도 자주 발생하고 통신시스템도 원활하게 갖추어져 있지 않은 경우가 많다. 미얀마의 지속적인 경제성장을 위해서는 교통인프라 등의 사회간접자본의 확충이 마련되어야 한다.

최근 시장개방을 시작한 미얀마는 아세안의 블루오션으로 불릴 만큼 글로벌 시장에서 주목을 받고 있다. 미얀마는 천연자원이 풍부하고 우수한 인력을 확보하고 있어 성장잠재력은 매우 높은 국가이다.

미얀마는 천연자원은 풍부하지만 제조업의 경쟁력은 매우 취약하다. 미얀마는 시장개방이 확대되면서 수입수요가 증가하고 있고 경제개발에 따른 원자재, 부품, 중간제품에 대한 수요증가로 수입이 증가하고 있다.

특히 경제성장에 따른 소득증가에 따라 공산품 등에 대한 소비재에 대한 수입수요도 증가하고 있다. 미얀마는 시장개방과 경제성장, 경제개발, 소득증가 등의 요인으로 수입수요가 증가 하고 있는데 미얀마의 제조업의 경쟁력은 상대적으로 취약하여 공산품의 수입대체가 잘 이루어지지 않고 있다. 제조업체의 글로벌 경쟁력도 미약하여 공산품의 수출이 활성화되어 있지 않아 미얀마는 무역수지 적자가 지속되고 있다.

4. 미얀마와 중국의 관계

〈표〉 미얀마에 투자 진출한 중국의 주요 자원기업

투자분야	기업명
원유와 천연가스	China National Petroleum Co. (CNPC) PetroChina China Huanqiu Contracting & Engineering Co. (Sino-Singaporean consortium) China National Offshore Oil Co China National Oil & Gas Exploration & Development Co. (CNODC) China Oilfield Services Ltd.
광산업	China Nation Heavy Machinery Co. (CHMC) China Nonferrous Metal Mining Co. Kingbao/Jinbao Mining Ltd. Zijin Mining Co. Jiangsu Pengfei Group Co. Northem Star Co. Sea Sun Star Co.
수자원 개발	China Gezhouba Group Co. (CGGC) Yunnan Power Grid Co. Farsighted Investment Group Gold Water Resources Co. Yunnan Joint Power Development Co. Yunnan Huaneng-Lancang River Hydropower Co. Yunnan machinery & Equipment Import & Export Co. (YMEC) China Power Investment Co. (CPI) China International Trust & Investment Co. (CITIC) China National Electric Equipment Co. (CNEEC) China National Heavy Machinery Co. (CHMC) Hunan Savoo Oversea Water & Electric Engineering Co.

자료: 건홍리서치앤컨설팅(2012), 최필수외(2013)

미얀마는 오랜 시간 폐쇄정책과 유럽과 미국 등의 경제제재 등으로 외부와의 경제교류가 제한적이었고 이러한 이유로 선진기술과 대규모 자본의 투자가 필요한 미얀마의 자원개발은 활성화되지 않았다.

이러한 미얀마의 은둔의 시기에 강대국 중에서 관계가 지속되었던 국가 중에 하나가 중국이다. 중국의 많은 기업들이 미얀마의 대표적인 수출품목인 원유와 천연가스 개발에 투자하고 있고, 다양한 광물을 보유하고 있는 미얀마의 광산업에도 중국의 많은 기업들이 투자하고 있다. 미얀마가 입지하고 있는 메콩강의 풍부한 수자원 개발에도 중국 기업의 투자가 확대되고 있다.

5. 미얀마와 메콩강

미얀마에서 메콩강 유역은 메콩강의 중류부분에 위치하고 있다. 미얀마 영내를 관통하는 메콩강의 길이는 207㎞로 메콩강 전체 길이에서 약 4%를 점유하고 있다. 미얀마의 메콩강 유역 면적은 20,670㎢로 메콩강 유역 면적의 약 2.5% 이상이다(권기철, 2002). 미얀마가 점유하고 있는 메콩강 길이와 메콩강 유역은 메콩강 유역의 다른 국가에 비해 점유하는 비중이 상대적으로 높지 않다.

6. 메콩강 개발 = 천연자원 개발

미얀마가 세계로부터 주목받고 있는 이유 중에 하나는 풍부한 광산자원과 에너지 자원이 개발되어 생산되고 있는 부분도 있지만 아직 미개발 상태로 상당부분 보존되어 있다는 점이다. 광산자원과 에너지 자원은 탐사 및 조사와 개발에 대규모 자본이 소요되는 사업이다. 미얀마는 메콩강 유역 개발을 통해 미얀마의 개발되지 않은 광산자원과 에너지자원을 본격적으로 개발할 계획을 추진하고 있다.

7. 메콩강 개발 = 미얀마의 낙후지역 개발

미얀마에서 메콩강 유역은 수도권과 대도시에서 멀리 떨어져 있는 곳으로 미얀마의 다른 지역에 비해 경제개발이 이루어져 있고 사회기반시설도 매우 취약하다. 미얀마는 전국에서 가장 낙후되어 있는 지역 중에 하나인 메콩강 유역의 지역개발을 국가경제정책으로 수행하는 것뿐만 아니라 메콩강 유역 개발 사업과 연계하여 추진하고 있다.

특히 미얀마의 메콩강 유역 지역을 메콩강 유역 개발사업으로 추진하여 메콩강 유역 이웃 국가들과 연결하고 이들 국가들의 지역과 경제교류를 확대하여 지역경제를 활성화시키고자 한다.

8. 메콩강 유역 개발 = 사회복지 증진

미얀마는 오래기간 폐쇄정책으로 인해 경제개발이 낙후되어 사회 전반적으로 공공서비스가 취약하다. 특히 국민의 삶의 질과 깊은 관련이 있는 보건의료 분야에 대한 공공서비스가 충분히 공급되고 있지 않다.

메콩강 유역 개발사업의 목적 중에 하나는 메콩강 유역 국가들의 빈곤퇴치와 삶의 질의 향상에 있다. 미얀마는 메콩강 유역 개발 사업을 통해 미얀마의 낙후된 보건의료 등의 사회복지 부분의 개선을 도모하고자 한다.

〈표〉 미얀마의 보건의료에 대한 공적개발원조(2009~2010)

(단위: 백만 달러)

ODA공여국	ODA공여 건수	ODA공여 금액	국제기구	ODA공여 건수	ODA공여 금액
OECD의 DAC 회원국			국제기구		
호주	36	11.16	EU	28	17.24
핀란드	2	0.22	Global Fund	6	36.61
독일	8	5.48	UNAIDS	2	1.22
아일랜드	1	0.09	UNDP	2	6.9
이탈리아	10	0.61	UNFPA	51	14.42
일본	40	17.20	UNICEF	65	12.23
한국	3	0.03	WFP	2	0.08
노르웨이	6	2.65			
스웨덴	12	4.92			
영국	15	34.60			
미국	36	4.25			

자료: WHO(2012), 권순만외(2014)

9. 메콩강 유역 개발 = 물류시스템 보완

미얀마는 지경학적으로 매우 유리한 위치에 자리 잡고 있다. 미얀마는 세계 경제에서 성장세가 가장 높은 국가들 중에서 대표적인 중국과 인도, 베트남과 인접하고 있을 뿐만 아니라 인도양과 접하고 있어 국제정치적으로는 서방 국가들의 입장에서 경쟁국가인 중국을 견제할 수 있는 요충지로 활용할 수 있는 지역이다. 국제비즈니스에서도 동아시아에서 중동지역으로 통하는 전략적 허브로 경쟁력이 높아 중계무역의 대명사인 싱가포르처럼 중계무역의 중심지로 발돋움할 수 있다(이장훈, 2013).

미얀마가 지경학적 이점을 최대한 활용하여 중계무역 등의 글로벌 비즈니스 허브가 되려면 싱가포르처럼 물류시스템이 선진화되어야 한다. 미얀마는 물류시스템을 갖추기에 매우 유리한 천혜의 자연환경을 갖고 있는데 미얀마는 뱅골만과 안다만해에 접한 해안선 길이가 1930㎞로 글로벌 허브항만으로 발전할 수 있는 기본적인 토대를 갖추고 있다(이주현, 2013).

미얀마는 경제수도 양곤에 있는 양곤항에서 미얀마의 무역화물의 90%를 처리하고 있는데 항만의 수심이 낮아 글로벌 항만으로 발전하는데 한계를 보이고 있다(정재완, 2003). 최근 들어 글로벌 물류 환경은 과학기술의 발달과 글로벌 물동량의 증가로 선박의 대형화가 가속화되고 있어 수심이 낮은 항만은 대형 선박의 입출항이 용이 하지 않아 허브항만으로 발전할 수가 없다.

미얀마가 지경학적 이점을 최대한 활용하여 경제발전을 이루려면 물류시스템의 확충이 필요하다. 미얀마는 메콩강 유역 개발을 통해 미얀마의 물류시스템을 개선하고 선진화하여 경제발전을 도모하고자 한다.

10. 메콩강 유역 개발 = 국제관계 개선

미얀마는 메콩강 유역 개발에 참여 하여 메콩강 유역의 이웃국가들 뿐만 아니라 선발 아세안 국가들, 미국, 유럽, 한국, 일본 등의 국가들과의 관계를 개선하고 협력을 증진하려고 한다. 앞서 설명했듯이 미얀마는 오랜 기간 폐쇄정책으로 인해 서양뿐만 아니라 동남아 국가와도 경제교류가 활성화되지 않았다.

메콩강 유역 개발은 대규모 자본이 투자되는 국제개발사업으로 인접국가 뿐만 아니라 공적개발 원조를 통해 유무상 원조를 제공하는 외부 국가들, 국제기구, 민간기업 등이 함께 참여하는 사업이므로 오랜 기간 외부와 다양한 교류가 차단된 은둔의 시간을 가졌던 미얀마가 국제사회와 우호적이고 협력적인 관계를 정립할 수 있는 좋은 통로이다. 미얀마는 메콩강 유역 개발에 참여하여 국제사회와 상호 협력적인 관계를 구축하고자 한다.

제5장 라오스와 메콩강 유역 개발

1. 라오스와 만남

최근들어 라오스는 루앙푸라방 등이 국제적인 관광지로 각광을 받으면서 라오스에 대한 관심이 증대되고 있다. 라오스는 메콩강 유역의 인도차이나반도 내륙부에 있는 사회주의 공화국이다. 라오스의 공식 국가명은 라오인민민주주의공화국(Lao People's Democratic Republic)이다. 이를 축약하여 라오스(Laos)라고 부른다(MOFAT, 2017).

라오스는 바다가 없는 동남아 유일의 내륙국로 지경학적으로 북쪽으로 중국과 남쪽으로 캄보디아, 서쪽으로 태국, 동쪽으로 베트남, 북서쪽으로 미얀마와 국경이 맞닿아 있다(양승윤, 1997). 라오스는 메콩강 유역 국가들 중에서 약소국중에 하나인데 국경이 맞닿아 있는 이웃 국가들이 모두 메콩강 유역의 강대국이다. 라오스가 오랜 기간 겪었던 고난의 역사는 라오스가 자리잡고 있는 지경학적 요인이 상당부분 작용하였다.

2. 라오스의 개혁개방화 과정

라오스는 1975년 이후 현재까지 사회주의 공화국이다. 라오스는 1975년 사회주의 혁명 이후 발생한 경제적 문제를 해결하기 위해 1986년에 신경제제도(NEM: New Economic Mechanism)를 추진하여 사회주의 시장경제를 도입하였다(KITA, 2015).

라오스는 기존의 중앙계획체제를 개선하여 시장에서 거래되는 대부분의 상품가격을 시장에서의 수요과 공급에 의해 자유화하였고, 중앙정부가 지원하였던 국영기업의 다양한 보조금을 줄이거나 철폐하여 자체적으로 경쟁력을 확보하는 방안을 강구하게 하였다(권기철, 2002).

라오스는 대외적으로도 인도차이나 반도의 은둔 국가의 이미지를 벗어 던지고 1997년 아세안에 가입하였고 외국인 투자 유치 확대와 WTO 가입을 대비하여 외국인 투자유치법을 1988년에 제정하고 1991년에는 헌법을 시장경제에 부합하게 개정하였다. 이러한 라오스의 개혁 개방정책의 결과로 2013년에는 WTO에 가입하면서 외국인 투자유치의 토대를 마련하였다(KIEP, 2013). 라오스는 개혁·개방정책이 실효를 거두면서 견실한 경제성장을 지속하고 있으며, 외국인 투자도 증가하고 있다.

3. 라오스의 천연자원의 특징

라오스는 전 국토의 80%가 산악지대로 경제개발에 필요한 철광석, 석탄, 구리, 금과 같은 광산자원이 풍부하고 라오스의 메콩강 수력자원도 풍부하다. 라오스의 천여자원은 금과 구리 등은 개발되었지만 보크사이트, 석회암 등은 아직 개발이 이루어지지 않고 있다(KOTRA, 2016). 라오스의 천연자원은 풍부하지만 라오스의 자원개발 기술과 자금력 부족으로 천연자원의 부존량에 대한 조사와 개발이 이루어지지 않은 경우도 있어 본격적인 개발에 대한 기대가 높다.

4. 라오스 무역과 산업구조의 특징

라오스의 수출에서 자원과 에너지가 차지하는 비중이 50% 이상을 차지하고 있다. 라오스의 수출에는 금과 구리와 같은 광산자원과 수력발전 자원이 차지하는 비중이 50% 이상이다. 라오스 수입은 메콩강 유역의 이웃국가인 태국에 크게 의존하고 있는데 태국의 식료품과 공산품 수입의 50% 이상을 태국으로부터 들여오고 있다(라오스 대사관, 2014).

라오스의 산업구조에서 가장 큰 특징은 전체 산업에서 농업이 차지 비중이 60% 이상이고 라오스는 메콩강 유역 국가중에서 인구가 가장 작은 국가인데 라오스 총인구의 80%가 농업에 종사하고 있는데 그 규모가 매우 영세하다. 라오스의 1인당 국민소득은 세계에서 가장 낮은 수준으로 라오스 정부의 이러한 절대 빈곤을 벗어나는 것을 국정과제로 추진하고 있다(권기철, 2002).

메콩강 유역 국가들은 산업구조에서 전통적으로 농업이 차지하는 비중이 높고 경제활동 인구 중에서 농업에 종사하는 사람들의 비중이 높다. 라오스의 경제활동인구 중에서 1차산업에 종사하는 인구의 비율은 80%이상으로 농업뿐만 아니라 임업, 수산업에 종사하는 인구의 비중이 매우 높다(KITA, 2015).

경제활동인구 중에서 1차산업에 종사하는 인구의 비중이 매우 높은 것에 비해 2차산업에 종사하는 인구의 비중은 매우 낮은 수준이다. 2차산업에 종사하는 인구의 비중이 낮은 이유는 라오스의 제조업이 활성화되어 있지 않고 공산품의 수입대체산업이 육성되지 않고 있고 국내 제조업의 생산을 통한 수출이 미미함을 의미한다.

제조업에 종사하는 인구에 비해 상대적으로 서비스업에 종사하는 인구는 증가하고 있다. 라오스는 최근 들어 국제관광지로 각광받으면서 라오스를 방문하는 외국인 관광객이 증가하고 있고 이로 인해 관광산업을 비롯한 서비스업이 발달하면서 서비스업에 종사는 인구는 증가하고 있다.

라오스는 우기와 건기에 따라 실업률이 차이를 보이고 있고 산업별로도 우기와 건기에 실업률이 차이를 보이고 있다. 우기와 건기에 따라 실업률이 가장 큰 차이를 보이고 있는 산업은 농업 중에서도 농산물 재배분야이다(채재은외, 2014).

우기와 건기에 따라 실업률이 차이를 보이는 가장 큰 이유는 고용에 있어 임시일용직이 많기 때문이다. 특히 계절에 따라 일감이 달라지는 농산물 재배에서 우기와 건기에 실업률의 차이가 가장 크다.

라오스는 경제활동 인구 중에서 농업에 종사하는 인구가 많은데 농업분야에서 계절별 실업률이 높다는 것은 라오스 전체의 실업이 계절에 따라 차이가 큼을 의미하고 고용사정이 불안정함을 말해주고 있다. 농업이외의 산업에서도 실업률이 계절에 따라 차이를 보이고 있는 것은 생산량과 물동량이 안정적이지 않아 비정규직 고용이 많다는 것을 의미한다.

〈표〉 라오스 계절별·산업별 실업률

(단위: %)

구분	우기(Wet season)	건기(Dry season)
농산물 재배 및 수확(Crop agriculture)	13.1	16.7
농산물 이외의 농업(Other agriculture)	7.0	11.9
농업이외의 산업(Non-agriculture)	3.7	8.5

자료: MPI, UNDP, 채재은외(2014)

5. 라오스의 국가비전

라오스는 사회 전반적인 낙후와 빈곤을 개선하고자하는 중장기적인 계획을 추진하고 있다. 라오스의 국가비전을 찬찬히 들여다보면 한국의 1950년대, 1960년대의 빈곤타파를 위한 기나긴 여정을 들여다보는 것 같아 가슴 한편이 아련하다. 또한 가난이 주는 불편함과 슬픔이 삶의 다양한 부분에 영향을 많이 미치고 있음을 알 수 있다.

메콩강 경제권의 개발 목적의 출발점이 메콩강 유역의 빈곤타파라는 점도 이 지역의 낙후성을 대변해주고 있다. 라오스의 국가비전 중에 가장 중요한 것은 절대빈곤과 기아문제를 해결하려는 목표를 추진하는 것이다.

라오스의 국가비전은 선진국과 동남아에서도 선발 아세안국가들은 상당부분 달성한 사안들이지만 라오스에서는 매우 절박한 사안이고 반드시 이루어내야 할 중요한 정책이다. 라오스의 국가비전에는 라오스의 경제상황, 해결해야 할 사회적 이슈들이 포함되어 있다.

라오스 국가비전 달성 여부의 상당부분은 라오스의 지속적인 경제성장과 관련되어 있다. 공공서비스의 확대는 정부 재정의 확충에 상당부분 달려있기 때문에 경제성장이 지속적으로 이루어져야 한다.

라오스정부는 경제성장률이 평균적으로 8% 이상을 상회하는 경제개발 목표를 추진하고 있다. 라오스의 GDP에서 여전히 농업의 비중이 높은 수준이지만 제조업과 서비스산업의 비중이 증가하고 있다(IMF, 2011).

라오스 정부가 목표로 하고 있는 산업별 성장률은 제조업 성장률이 15%로 서비스산업 성장률 6.5%, 농업 성장률 3.5%를 크게 상회하고 있어 제조업 중심의 경제성장을 목표로 하고 있고 수출성장률도 18%를 목표로 하고 있어 제조업의 경쟁력 향상이 라오스의 경제성장의 관건이 되고 있다(MPI, 이재호외(2012).

〈표〉 라오스의 산업별 성장목표

분류	구분	목표
산업별 성장률	농업 성장률	3.5%
	제조업 성장률	15%
	서비스산업 성장률	6.5%

자료: MPI, 이재호외(2012)

6. 라오스의 국가경쟁력

최근 들어 국제통상환경에서는 국가이미지와 국가브랜드가 매우 중요하다. 경쟁이 더욱 가속화되는 국제통상무대에서 비교우위를 확보하려면 개별기업의 경쟁력도 중요하지만 국가경쟁력도 중요하다.

라오스의 국가경쟁력은 전반적으로 매우 열악한 수준을 벗어나지 못하고 있다, 효율성 부문에서도 우수한 인력양성의 기본적인 토대가 되고 있는 교육과 훈련 부분의 경쟁력이 매우 취약하다(채재은외, 2014).

비즈니스 측면에서도 라오스는 시장규모가 작아 기본적으로 글로벌 시장으로서 경쟁력이 약하다. 또한 상품시장과 노동시장의 효율성보다 금융시장의 효율성이 상대적으로 매우 떨어져 있어 금융산업이 상품시장과 노동시장에 비해 경쟁력이 저하되어 있음을 알 수 있다. 금융산업은 금융산업 뿐만 아니라 제조업과 서비스업의 발전에도 영향을 미치는 산업이므로 금융산업의 전반적인 효율성이 향상될 수 있는 다양한 방안이 마련되어야 한다.

라오스는 경제개발이 초기단계에 머물고 있어 전문적인 분야의 기업이 적어 특정분야에 특화된 기업을 통한 경쟁력 향상이 용이하지 않다. 기업의 혁신 능력도 높지 않다. 라오스 기업들이 글로벌 무대에서 후발주자로서 선진화된 외국기업과 치열한 경쟁에서 경쟁력을 가지려면 라오스의 경제상황에서 특화할 수 있는 전문분야의 기업을 육성하고 혁신적인 프로세스를 도입해야 한다.

〈표〉 라오스의 국가경쟁력(2013~2014)

국가경쟁력 평가 부분		글로벌 순위
효율성 부문	고등교육의 효율성	111
	상품시장의 효율성	54
	노동시장의 효율성	44
	금융시장의 효율성	91
	기술발전단계	113
	시장 규모	122
민간기업 혁신 및 전문성	기업혁신 능력	78
	기업의 전문성	68

자료: World Economic Forum(2013), 채재은외(2014)

7. 라오스와 메콩강

> 라오스 = 메콩강 총 길이의 약 40% 이상
> 메콩강 유역면적의 약 25% 이상
> 메콩강 유수량의 비중 35% 이상

라오스 영내를 경유하여 흐르는 메콩강의 길이는 1,898㎞로 메콩강 총 길이의 약 40% 이상이고 라오스의 메콩강 유역면적은 213,060㎢로서 메콩강 유역 전체의 25% 이상을 점유하고 있다(권기철, 2002).

바다가 없는 내륙국가 라오스는 전통적으로 메콩강을 통해 인적교류와 물적 교류를 하였다. 상기에서 살펴 본 것처럼 라오스에서 농업과 농민의 비중은 매우 높은 수준인데 메콩강은 라오스인이 매일 이용하는 상수원임과 동시에 농업과 어업의 토대가 되고 있다. 특히 전체 메콩강에서 라오스가 점유하는 유수량의 비중은 35% 이상으로 메콩강 유역 국가중에서 가장 큰 비중을 차지하고 있어 라오스의 수자원 개발 능력은 매우 높다(김태윤외 2011).

이처럼 메콩강은 라오스 전 국토와 일상의 삶과 밀접하게 연관되어 있는데 최근 들어서는 라오스의 경제발전의 토대가 되고 있다. 상기에서 살펴본 것처럼 라오스 영내의 메콩강 길이, 유량 등이 커서 라오스는 수자원 개발을 통한 경제발전을 추진하고 있다(이장훈, 2013).

8. 라오스 = 메콩강 유역 개발의 최대 수혜자

메콩강 유역 개발은 개별 국가입장에서 장점과 단점이 공존하고 있다. 개발의 장점의 크기도 개별국가에 따라 똑같지는 않다. 일반적으로 라오스는 메콩강 유역 개발의 최대의 수혜자가 될 수 있다고 전망되고 있다.

가장 큰 이유는 앞서 지적했듯이 라오스는 메콩강 유역 국가중에서 내륙국가로서 바다가 없는 가운데 육지에 둘러싸여 외부로 진출이 용이하지 않다. 라오스는 메콩강 유역에서 경제력이 가장 취약한 약소국으로 다른 메콩강 유역 국가들에 비해 자체적으로 사회간접자본 구축과 수자원 개발을 할 수 있는 여력이 부족하다.

메콩강 유역 개발은 라오스가 취약한 부분인 사회간접자본 개발과 라오스가 경제발전을 위해 추진중인 수자원개발에 집중되어 있어 라오스는 메콩강 유역 개발에 적극적인 참여를 하고 있다.

9. Land-locked Country에서 Land-linked Country

"Land-locked Country에서 Land-linked Country"는 2002년 GMS 정상회의에서 라오스가 선언한 국가비전이다(KIEP, 2016). 라오스가 선언한 이 비전에는 라오스가 그동안 갖고 있던 내륙국가로서의 은둔과 고립의 단점을 메콩강 유역 개발을 통해 메콩강 유역 국가들과의 연계된 교통망 확충으로 극복하고 메콩강 유역의 중심국가가 되고자 하는 꿈이 담겨져 있다.

라오스는 메콩강 유역개발의 교통망 연결사업이 차질없이 추진되어 메콩강 유역 국가들간의 물적, 인적교류가 활성화되어 궁극적으로 메콩강 유역이 하나의 경제권으로 구축되면 라오스는 내륙국가로서 메콩강 유역의 국가와 국가를 연결하는 연결고리가 되면서 경쟁력을 향상시킬 수 있다(라오스 대사관, 2014).

10. 메콩강 유역 개발 = 국가간 도로연계 구축 + 바다로 연결

라오스의 메콩강 유역 개발은 라오스가 갖고 있는 장점을 극대화하고 약점을 최소화하려는 경제개발 정책이 반영되어 있다. 라오스는 내륙국가로서의 한계를 극복하기 위해 메콩강 유역국가들과의 도로망 구축 사업에 매우 적극적인 태도를 보이고 있다(ADB, 2016). 메콩강 유역은 경제적으로 낙후되어 있고 냉전시기에 국가간의 갈등이 있어 메콩강 유역 국가간에 연결되는 도로망이 미비하다.

메콩강 유역은 메콩강 유역 국가를 연결하는 도로망만 미비할 뿐만 아니라 국내에서도 지역간 도로망이 잘 갖추어져 있지 않다. 국내외적인 도로망 미비는 내륙국가인 라오스를 더욱 고립시키고 경쟁력을 저하시키는 요인으로 작용하였다. 라오스는 이러한 국가적 현실을 직시하고 메콩강 유역 국가들을 연결하는 메콩강 유역의 도로망 구축사업에 적극적으로 참여하여 라오스의 단점을 극복하고자 한다. 궁극적으로 라오스는 메콩강 유역의 국가들을 연결하는 도로망이 확충되면 라오스가 갖고 있지 않은 바다를 베트남의 항만을 이용하여 보완하는 전략을 추진하고 있다(정재완, 2003).

11. 메콩강 유역 개발 = 수자원 개발 + 전력수출

라오스는 라오스가 갖고 있는 최대의 장점인 메콩강의 풍부한 유수량을 활용하는 수자원 개발을 적극적으로 추진하고 있다. 유수량이 풍부한 메콩강은 수력발전에 유리한 환경을 갖고 있는데 메콩강의 수력발전의 잠재력은 총 30,000MW로 전망되고 있다. 메콩강의 수력 발전 총 잠재력 30,000MW 중에서 라오스가 점유하고 있는 메콩강의 수력발전 잠재력은 약 20,000MW로 메콩강의 수력발전 잠재력의 70%를 라오스가 보유하고 있다(김태윤외, 2011).

라오스는 이러한 라오스의 메콩강에서 수력발전에 유리한 지역적 장점을 최대한 활용하기 위하여 적극적으로 메콩강의 수자원 개발에 참여하고 있다. 라오스의 이러한 수자원의 개발전략이 확대되면서 라오스는 아시아의 배터리라고 불리고 있다. 라오스는 수자원을 개발하여 국내 전력으로도 사용하지만 상당부분은 메콩강 유역의 인근 국가 태국 등에 수출하고 있다.

12. 메콩강 유역 개발 = 최빈국 탈출

라오스는 기나긴 가난의 굴레를 메콩강 유역의 개발을 통해 벗어나고자 한다. 라오스는 미개발된 천연자원의 개발과 관광자원, 수력자원, 외국인 투자 유치를 통한 경제성장을 통해 절대적 빈곤을 벗어나고자 한다.

라오스가 가난을 벗어나기 위해 추진중인 사업들은 모두 메콩강 유역 개발과 밀접한 관계를 갖고 있다. 예를 들어 라오스가 갖고 있는 관광자원이 관광상품화 되고 외국인 투자유치가 활성화되려면 교통과 통신 인프라가 구축되어야 한다.

메콩강 유역 개발사업은 라오스가 경제성장을 위해 필요한 사회간접 자본 확충과 관련이 많다 라오스는 메콩강 유역 개발 사업을 통해 경제개발의 토대를 구축하고 이를 통해 경제성장을 이룩하여 세계 최빈국이라는 멍에를 훌훌 털어버리려고 한다.

제6장 베트남과 메콩강 유역 개발

1. 베트남과 만남

베트남은 최근 들어 경제가 성장하면서 넥스트 차이나로 각광받고 있다. 베트남의 경제부분은 시장경제체제를 도입하였지만 정치적으로는 사회주의 국가이다. 베트남의 공식 국가명칭인 베트남 사회주의공화국(Socialist Republic of Vietnam)에도 베트남이 사회주의 국가임이 나타나 있다.

베트남은 메콩강 유역의 동부에 자리잡고 있다. 베트남의 국토는 긴 S자형의 형태를 취하고 있고 베트남의 북쪽은 중국과 국경을 맞대고 있고 서쪽은 라오스와 캄보디아와 국경을 맞대고 있다. 동쪽은 바다를 향하고 있어 해외로 진출이 용이하다(MOFAT, 2017). 이처럼 베트남은 북쪽으로는 중국을 통해 동북아와 만나고 서쪽으로는 라오스와 캄보디아를 만나고 있다. 동쪽으로는 대양(大洋)을 통해 세계와 만나고 있다.

베트남 역사는 기나긴 전쟁으로 점철되어 있다. 베트남은 근대화 이전에 중국의 식민지배를 받았고 제국주의 시대에는 프랑스령 인도차이나에 속하면서 프랑스의 식민지가 되었다(ASEAN, 2016). 프랑스부터 독립이후에는 남과 북으로 분단되었다가 북베트남에 의해 통일되었다.

2. 베트남 경제의 특징

베트남 경제는 통일이후 시행착오로 인한 경제적 혼란과 침체를 1986년에 실시한 도이모이(Doi Moi) 정책을 통해 극복하였다. 베트남 정부는 통일 이후 사회주의 중앙계획경제체제를 통일 이전 자본주의의 시장경제체제에 의해 운영되던 베트남 남부지역에 적용하려는 경제정책을 추진하였으나 극심한 경제난을 초래하였다.

베트남 정부는 경제난을 타개하기 위해 시장경제정책인 도이모이(Doi Moi) 정책을 추진하였다. 통일 이후 베트남 정부는 사유재산 대신에 집단농장에 토대를 둔 계획경제를 추진하였으나 결과는 실패로 끝났다.

베트남정부가 추진한 도이모이(Doi Moi) 정책의 출발점은 농민이 수확한 쌀 중에서 목표량을 달성하고 남은 쌀은 자유롭게 농민이 판매할 수 있게 해주는 것이었다. 이러한 정책의 변화가 생산성 증대를 가져왔고 개혁·개방정책은 지속적으로 확대되었다(베트남 경제연구원, 2016).

베트남 정부의 개혁개방정책과 미국 등의 서방세계와 국제관계가 개선되면서 냉전시기 시행되었던 서방세계로부터 받았던 경제제재가 해소되었고 이로 인해 수출이 증가되고 외국인 투자도 증가하여 경제성장이 지속되고 있다.

베트남 경제는 넥스트 차이나로 불려질 만큼 외국인 투자가 증가하면서 경제성장이 지속되고 있고 소득도 증가하고 있다. 베트남 경제가 성장하면서 성장에 따른 분배 문제도 부각되고 있다. 베트남은 경제성장에 따라 소득이 증가되고 있는데 계층간, 지역간, 도농간 차이가 커지고 있다.

베트남은 경제성장으로 인한 소득증대에 따라 소비자의 공산품 등에 대한 소비수요는 양적으로나 질적으로 향상되었는데 베트남 국내제조업의 국제경쟁력이 높지 않아 소비재에 대한 수입이 증가되고 있다. 부품, 반제품에 대한 수입도 증가되어 경상수지는 적자를 지속하고 있다. 베트남이 지속적인 경제성장을 달성하려면 기업의 글로벌 경쟁력이 높아져야 하는데 베트남의 국영기업의 경쟁력이 높지 않다.

3. 베트남과 메콩강

베트남은 메콩강의 끝자락에 위치한 메콩강의 종착역이다. 베트남의 메콩강과의 가장 중요한 점은 메콩델타이다. 메콩강 상류에서 굽이굽이 흘러온 강물이 베트남에 도착하여 바다와 만나는 부분에 비옥한 흙인 이토(泥土)로 삼각주가 형성되는데, 이를 메콩델타라고 하는데 메콩델타 지역은 산이 없고 전반적으로 지반이 약하다. 메콩델타의 모든 토지는 개인이 소유하지 못하고 국가가 소유하고 있어 매년 국가와 개인이 계약하여 운영하고 있다(신지돈, 2008). 메콩강 델타는 메콩강 상류에서 메콩강을 따라 운반된 비옥한 흙으로 만들어진 곳으로 메콩델타는 쌀농사에 적합하여 베트남의 대표적인 쌀 곡창지대가 되고 있다(MOFAT, 2016).

베트남은 대표적인 농업국가이고 쌀 수축국인데 메콩강 델타에서 베트남 쌀 수확의 절반 이상이 이루어지고 베트남 쌀 수출의 90%도 메콩강 델타에서 이루어지고 있다. 농산품뿐만 아니라 세계 3위 수출품목인 새우를 포함한 수산물 수출의 절반도 메콩델타에서 이루어지고 있다(KITA, 2015).

4. 메콩강 유역 개발 = 메콩델타의 육로 물류시스템 구축

메콩델타지역은 농산물과 수산물 등의 다양한 물산이 생산되고 유통되는 지역인데 메콩델타의 물산의 수송은 70% 이상이 수로로 편중되어 있다(KIEP, 2016). 메콩델타의 물산이 원활하게 수송되려면 수로뿐만 아니라 도로 등의 육로 물류시스템이 확충되어야 한다. 베트남은 메콩강 유역의 도로 인프라 확충사업과 연계하여 메콩델타 지역의 육로 물류시스템을 구축할 수 있다.

5. 메콩강 유역 개발 = 넥스트 차이나 대비 항만개발

베트남은 중국을 대체할 넥스트 차이나로 각광받고 있는데 베트남이 중국처럼 세계의 공장으로 발전하려면 생산기지로써 뿐만 아니라 물류시스템이 뒷받침되어야 한다. 특히 대규모 물동량이 원활하게 수출입되려면 대규모 항만이 개발되어야 한다.

베트남은 대규모 항만을 개발하는데 유리한 자연환경을 갖고 있다. 베트남의 해안선은 3260㎞로 길고 수천 개의 섬을 보유하고 있어 항만개발에 매우 적합한 자연조건을 갖고 있고 물동량도 증가하고 있어 베트남 정부도 대규모 항만개발을 추진중에 있다(이주현, 2013).

항만개발은 대규모 자본이 투입되는 사회간접자본으로 베트남은 메콩강 유역 개발사업과 연계하여 베트남의 항만개발을 종합물류시스템하에 구축할 수 있다.

6. 메콩강 유역 개발 = 쌀 생산량 증가

앞서 설명하였듯이 메콩델타는 베트남의 쌀 생산의 절반 이상이 수확되는 곡창지대로 베트남의 농업과 농산물 수출에 있어 중요한 지역이다. 메콩델타는 메콩강의 하류 끝자락과 바다의 사이에 자리잡고 있어 강과 바다의 양쪽으로부터 영향을 받고 있다. 메콩 델타는 메콩강의 건기에는 물 부족 현상이 발생하고 우기에는 홍수와 범람이 발생한다. 또한 염수가 유입되거나 토양의 산성화 등이 발생하여 쌀 재배에 곤란을 주기도 한다(김홍구 · 박장식, 2002; 권기철, 2002). 베트남은 메콩강의 수자원 개발과 수자원 관리를 통해 메콩 델타에 발생하는 다양한 문제를 해결하고자 한다.

7. 메콩개발 = 역내 국가와 관개개선

베트남은 오래기간 메콩강 유역국가들과 갈등 및 경쟁관계를 지속하여 왔다. 베트남은 1995년 아세안에 가입하면서 선발 아세안국가들과 관개를 개선하였다. 베트남은 메콩강 유역 개발을 통해 메콩강 유역 이웃 국가들과의 연계를 강화하여 경제관계를 더욱 밀접하게 하고자 한다. 이웃국가간의 경제협력 강화는 정치적 갈등을 해소할 수 있고 상호신뢰를 더욱 강화할 수 있기 때문이다(KIEP, 2016).

베트남의 메콩강 유역 개발 참여에는 경제적인 요인뿐만 아니라 정치적인 측면도 강하다. 메콩강 유역 개발 사업은 경제적 관점뿐만 아니라 인근 국가와의 관계개선을 고려한 협력사업을 추진하고 있다. 또한 메콩강 유역 개발에서 메콩강 유역에서 가장 경제적으로 앞선 태국의 독주를 막고자하는 정치적인 고려도 포함되어 있다.

에필로그

메콩강의 항해를 마치고...

메콩강의 기나긴 항해를 마쳤다.

메콩강의 항해를 시작하면서 강(江)과 물(水)을 자연뿐만 아니라
비즈니스 관점에서 접근하는 묘한 재미를 만끽하였다.
메콩강이 나에게 준 선물이다.

메콩강은 세련되지 않고 투박하다.
그러나 정겹다.
그 투박함이 메콩강의 색깔이고 그 정겨움이 메콩강의 향기이다.

메콩강 유역의 황토길은 메콩강을 닮았다.
황토길을 달리는 툭툭도 황토길을 걷는 메콩 사람들도
메콩강을 닮아 투박하고 정겹다.

메콩강 유역이 개발되면서 황토길이 하나, 둘 도로로 포장되어 가고
툭툭이 하나, 둘 자동차로 대체되어 가고 있다.

메콩강 유역에 오랜 세월 길게 드리워져 있던 가난의 그림자가 메콩강 경제권의 개발로 사라져 많은 메콩강 사람들이 가난의 고통에서 벗어났으면 좋겠다.

메콩강 경제권 개발이 메콩강 사람들에게 행복을 주는 개발과 보전이 균형을 잃지 않은 지속가능한 발전으로 이루어지길 기원한다.

젊은 달(Young Moon)

참고문헌

강미주, 「물류의 블루오션으로 떠오른 미얀마」, 한국해사문제연구소, 2014.

곽성일외, 「한 · 아세안 기업간 지역생산네트워크 구축전략」, 대외경제정책연구원, 2016.

권기철, "메콩강 유역 교역네트워크의 형성과 발전 및 그 전망", 「메콩강과 지역협력」, 부산외국어대학교출판부, 2002.

권기철, "메콩강 유역의 교역 네트워크". 「국제지역연구」, 4권 2호, 국제지역학회, 2000.

권순만외, 「미얀마 보건분야 개발협력 방난」, 대외경제정책연구원, 2014.

권율, 「메콩강 개발사업 추진현황과 과제」, 대외경제정책연구원, 1996.

김영철, 「메콩강경제권(GMS)의 교통로 개발」, 삼성경제연구소, 2009.

김태윤외, 「매콩지역 개발 전략 : 태국, 캄보디아, 라오스」, 대외경제정책연구원, 2011.

김해동, 「중국 서남부 개발, 윈난성을 중심으로 동남아시아와 경제통합 박차」, 대한무역투자진흥공사, 2013.

김홍구 · 박장식, "메콩강 개발계획과 지역협력의 성과", 「메콩강과 지역협력」, 부산외국어대학교출판부, 2002.

김홍구 · 박장식, "메콩강 하류유역국가의 지역협력에 관한 연구" 「국제지역연구」, 4권 2호, 국제지역학회, 2000.

김희주 · 홍석일, 「아세안의 도전」, 산업연구원, 1995.

류석춘 · 최진명, 「GMS를 통해 본 중국의 대 동남아시아 지역협력 연구」, 「국제·지역연구」, 국제지역학회, 2012.

문진수, 「메콩 지역간 국가간교류 촉진을 위한 교통부문협약」, 교통개발연구원, 2013.

박번순, 「메콩강 유역 개발 참여」, 삼성경제연구원, 1996.

박성현, 「아시아경제예측」, 신한은행, 2006.

박영선, 「일본, 메콩강 유역 지원」, KOTRA, 2012.

박재현, 「메콩강 유역국과의 외교강화방안」, 외교안보연구소, 2013.

성진근, 「메콩강의 보석 라오스, 캄보디아」, 농민신문사, 2010.

소진광, "베트남 지역사회의 사회적 자본연구", 「한국지역개발학회지」, 23권 2호, 한국지역개발학회, 2011.

신지돈, 「베트남, 농수산물의 보고 메콩델타」, KOTRA, 2008.

심의섭, “메콩강 개발사업과 경제적 평가”, 「동북아경제연구」 9권 1호, 동북아경제학학회, 1997.
양승윤 · 이요한, “메콩강개발과 동남아 지역협력 전망”, 「국제지역연구」 1권 2호. 한국외국어대학교 국제지역연구센터, 1997.
이선진, “중국과 동아시아 : 메콩강 유역개발계획과 중국·일본의 경쟁”, 「동아시아 브리프」 5권 1호, 성균관대학교 중국연구소, 2010.
이장훈, “중국 vs 일본 메콩강 대전”, 중앙일보, 2013.
이장훈, 「동남아 메콩강 유역 5개국은 ‘마지막 기회의 땅’」, 월간중앙, 2013.
이재호외, 「한국의 메콩강 지역개발 중장기 협력방안」, 대외경제정책연구원, 2012.
이주현, 「메콩경제권 해운인프라 확충 잰걸음」, 쉬퍼스저널, 2013.
이준표, 「메콩경제권 기업법제의 이해」, 한국학술정보, 2012.
이효찬, 「메콩강 유역 경제권의 현황과 향후 진출 시사점」, 우리금융경영연구소, 2014.
장혁훈외, 「메콩강 실크로드」, 매일경제신문사, 2011.
전운성, “메콩강 유역의 빈곤퇴치를 위한 ODA와 국제협력”, 「농업사연구」, 한국농업사학회, 2007.
정재완, “메콩강 유역 개발 추진현황 및 전망”, 「메콩강과 지역협력」, 부산외국어대학교출판부, 2002.
정재완 · 권경덕, 「메콩강유역개발 : GMS 프로그램 10년의 평가와 시사점」, 대외경제 정책연구원, 2003.
조대현, “아세안 : 메콩강 경제권에 외자 대거 유입-미·중·일 시장 선점 위해 총력”, 「CHINDIA Plus」, 55권 포스코경영연구소, 2011.
조대현, 「메콩강 경제권에 외자 대거 유입」, 포스코경영연구소, 2011.
조윤수, “중국의 대메콩강유역개발 정책 및 그 의의”, 「국제지역연구」 4권 2호, 국제지역학회, 2000.
조흥국, “메콩강의 경제적 잠재력과 유역국가들의 상호관계에 관한 역사적 고찰”, 「메콩강과 지역협력」, 부산외국어대학교출판부, 2002.
최필수외, 「중국의 신흥시장 진출과 한국의 대응방안」, 대외경제정책연구원, 2013.
채재은외, 「라오스 교육분야 개발협력방안」, 대외경제정책연구원, 2014.
천상덕, 「메콩강 유역 개발가속화」, KIET, 1996.

최성일외, 「서부대개발 사업이후 중국서부지역 도농격차의 추이와 요인분석」, 부산대학교 중국연구소, 2013.

KOTRA, 「메콩지역 개발전략」, 2012.

ADB(2010). “The Greater Mekong Subregion Economic Cooperation Program - Strategic Framework 2012-2022.” Asian Development Bank.

Betcherman. Gordon(2014). “Labor Market Regulations: what do we know about their Impacts in Developing Countries?” World Bank Research Observer.

Development Analysis Network(2001). Labor Markets in Transitional Economic in Southeast Asia and Thailand.

Duval, Yann(2008). “Economic Cooperation and Regional Intergration in the Greater Mekong Subregon(GMS).” Staff Working PAper 02/08, UNESCAP.

Guina, Carolina S(2009.) “Labour Regulations in Southeast Asia: Boon or Bane for Competitiveness?” Southeast Asia in the Global Economy: Securing Competitiveness and Social Protection, Singapore: Institute of Southeast Asian Studies.

Hirsch, Philip(2010). “The Changing Political Dynamics of Dam Building of the Mekong.” Water Alternative, 3(2).

Hori, Hiroshi(2000). The Mekong: Environment and Development. Tokyo: United Nations University Press.

Hsiao, F. S. T. and M. W. Hsiao(2006). “FDI, exports, and GDP in EAst and Southeast Asia-Panel Data Versus Time-Series Causality Analysis.” Journal of Asian Economics, 17.

IAI(2009). “Initiative for ASEAN Integration(IAI) Strategic Framework and IAI Work Plan 2(2009-2015).” IAI

Le Huu Tang & Liu Han Yue, eds. (2007). Economic Reform in Viet Nam and in China: A Comparative Study. Hanoi: The Gioi Publishers.

Mekong River Commission(2011). Basin Development Strategy 2011-2015. Vientiane, Lao PDR.

MI(2010). “Mekong Institute - Strategic Plan 2011-2015.” Khon Kaen, Thailand: Mekong Institute.

Mitchob, Chuwit(2011). “Toword a New Decade of Mekong Development: A View from Thailand.” 17th ASEAN FORUM, Seoul.

Naya, Seiji and Michael G Plummer(1997). “Economic Co-operation after 30 Years of ASEAN” 14 ASEAN Economic Bulletin.

Osborne, Milton(2006). The Mekong: Turbulent Past, Uncertain Future. NSW: Allen & Unwin.

Sothearith, Clap(2006). "How can Mekong Region maximize the benefits of Economic Integration: A Cambodian Perspective." Paper Presented in a Seminar Organized by the IMF(26-27, June). Siem Reap, Cambodia.

IMF(1990-2016). Direction of Trade Statistics Yearbook.

UNDP(2015). Human Development Report 2015: Sustaining Human Progress.

UNESCAP(2015). Statistical Yearbook for Asia and the Pacific.

White, George O(2000), "From Snowplows to Siopao - Trying to Compete in a Global Marketplace: The ASEAN Free Trade Area" 8 Tulsa Journal of Comparative & International law.

http://www.mrcmekong.org

http://www.mekonginstitute.org

http://www.asean.org

http://www.adb.org

http://www.kotra.or.kr

http://www.mofat.go.kr

http://www.kiep.go.kr

http://www.vietnam.re.kr

http://www.korea-exim.go.kr

http://www.kiet.re.kr

http://www.kita.net

http://overseas.mofa.go.kr/la-ko

찾아보기

강영문 (wtokym@daum.net)

- 동국대학교 무역학과 졸업(상학사)
- 한국외국어대학교 대학원 무역학과 졸업(경영학석사)
- 동국대학교 대학원 무역학과 졸업(경영학박사)
- (주) 대신경제연구소 증권분석실 근무
- (주) 대신경제연구소 경제동향분석실 근무
- Visiting Scholar, Singapore Management University
  (한국학술진흥재단 해외방문교수)
- Visiting Scholar, Nanyang Technology University, Singapore
- 한아세안학술교류학자 선정(2011년)(외교통상부 지원)
- 과학창의 앰배서더(미래창조과학부 주최)
- 선거관리위원회 선거방송토론위원
- 무등일보 경제칼럼니스트
- MBC 라디오 경제코너 해설자
- 한국공정무역학회 편집위원
- 국제 e-비즈니스학회 학술위원
- 한국국제통상학회 이사
- 한국협상학회 상임이사
- 관세청 이의신청 심의위원
- 중소기업중앙회 무역자문위원
- 전남대학교 창업보육센터장
- 전남대학교 경상학부장
- 전남대학교 국제통상학과 교수

주요 수상실적

- 전남대학교 교육우수교수 선정(2008년, 2015년)
  (Best Teaching Professor)

주요 저서

- 동남아 인도문화와 비즈니스(전남대학교출판부, 2017)
- 동남아 불교문화와 비즈니스(전남대학교출판부, 2016)
- 동남아 이슬람문화와 비즈니스(전남대학교출판부, 2015)
- 동남아 화교비즈니스(전남대학교출판부, 2014)
- 동남아 경제의 그늘과 무지개(전남대학교출판부, 2013)
- 국제협상과 문화간 커뮤니케이션(전남대학교출판부, 2013, 제2판)
- 아세안 FTA(전남대학교출판부, 2012)
- 글로벌 물류경영(우용출판사, 2011, 전정판)
- 해상무역보험(전남대학교출판부, 2011)
- 강영문교수의 동남아 지역연구(두남, 2010)
- 무역과 매너의 만남(우용출판사, 2010, 전정판)
- e유통경영(우용출판사, 2010, 전정판)
- 국제통상론(전남대학교출판부, 2009)
- 온오프라인 유통관리(두남, 2008, 개정판)
- 전자물류와 물류관리(두남, 2005)
- 유통물류와 e비즈니스(두남, 2004, 개정판)
- e무역과 국제매너(학문사, 2004)

메콩강 경제권 문화와 비즈니스

인 쇄 | 2018년 3월 20일
발 행 | 2018년 3월 30일

저 자 | 강영문
발행인 | 정병석
발행처 | 전남대학교출판문화원

등 록 | 1981. 5. 21. 제53호
주 소 | 61186 광주광역시 북구 용봉로 77
전 화 | (062) 530-0571~2
마케팅 | (062) 530-0573
팩 스 | (062) 530-0579
이메일 | cnup0571@hanmail.net
홈페이지 | http://www.cnup.co.kr

값 25,000원

ISBN 978-89-6849-490-1 (93320)

이 도서의 국립중앙도서관 출판예정도서목록(CIP)은 서지정보유통지원시스템 홈페이지(http://seoji.nl.go.kr)와 국가자료공동목록시스템(http://www.nl.go.kr/kolisnet)에서 이용하실 수 있습니다. (CIP제어번호 : CIP2018009473)